AF278190

Deseo y destino

Deseo y destino

Lo woke, el ocaso de la cultura y la victoria de lo kitsch

David Rieff

Prólogo de
John Banville

Traducción de
Aurelio Major

Papel certificado por el Forest Stewardship Council®

Título original: *Desire and Fate*

Primera edición: septiembre de 2025

© 2024, David Rieff
Todos los derechos reservados
© 2024, John Banville, por el prólogo
© 2025, Penguin Random House Grupo Editorial, S. A. U.
Travessera de Gràcia, 47-49. 08021 Barcelona
© 2025, Aurelio Major, por la traducción
© 2025, Miguel Temprano, por la traducción del prólogo

Penguin Random House Grupo Editorial apoya la protección de la propiedad intelectual. La propiedad intelectual estimula la creatividad, defiende la diversidad en el ámbito de las ideas y el conocimiento, promueve la libre expresión y favorece una cultura viva. Gracias por comprar una edición autorizada de este libro y por respetar las leyes de propiedad intelectual al no reproducir ni distribuir ninguna parte de esta obra por ningún medio sin permiso. Al hacerlo está respaldando a los autores y permitiendo que PRHGE continúe publicando libros para todos los lectores. De conformidad con lo dispuesto en el artículo 67.3 del Real Decreto Ley 24/2021, de 2 de noviembre, PRHGE se reserva expresamente los derechos de reproducción y de uso de esta obra y de todos sus elementos mediante medios de lectura mecánica y otros medios adecuados a tal fin. Diríjase a CEDRO (Centro Español de Derechos Reprográficos, http://www.cedro.org) si necesita reproducir algún fragmento de esta obra. En caso de necesidad, contacte con: seguridadproductos@penguinrandomhouse.com

Printed in Spain – Impreso en España

ISBN: 979-13-87600-15-0
Depósito legal: B-11.960-2025

Compuesto en Promograff - Promo 2016 Distribucions

Impreso en Black Print CPI Ibérica
Sant Andreu de la Barca (Barcelona)

C 6 0 0 1 5 0

Índice

Prólogo

John Banville

Un amigo irlandés, llamémosle A., pasó los meses de octubre y noviembre de 2016 en Estados Unidos como visitante de no-sé-qué en una de las grandes universidades del medio oeste. Llevaba viajando a este país desde los años sesenta y lo conocía bien; las costas este y oeste, claro, pero, lo que es más relevante, también esa vasta extensión de tierra que hay entre ambas, y que la mayor parte de quienes viven en la costa sobrevuelan sin pararse a pensarlo un y menos aún dos instantes. Sin embargo, A. sentía un profundo cariño y afecto por el medio oeste, y no solo porque su mujer hubiese nacido en Saint Louis y todavía tuviera familia allí.

Pero, desde el momento de 2016 en que bajó del avión con un espléndido tiempo otoñal, A. supo que había llegado a un país muy cambiado respecto al que conocía. En el camino desde el aeropuerto, su taxi pasó al lado de una fila de coches parados y vio a un conductor apearse de su vehículo, con la cara roja y los puños apretados, pasar a grandes zancadas por delante de seis coches hasta llegar al séptimo y darle una violenta patada en la puerta. Para A. fue un momento revelador. En las autopistas, en las calles, en los bares y en los restaurantes, e incluso en las casas particulares, todo el mundo parecía furioso. ¿Por qué? Por nada, en la mayoría de los casos.

Esa noche, por teléfono, la mujer de A. le contó que su tía favorita, que vive en Memphis, iba a votar a Trump. Cuando ella le había preguntado por qué, la anciana había respondido que estaba

9

a favor de Mr. T. porque iba a echar abajo todo aquel sistema podrido. Su mujer se había quedado atónita: ¿por qué iba a querer su tía, antigua maestra y claramente de clase media, hacer daño a Estados Unidos?

—¡Bah! —dijo la tía—, ¿qué ha hecho por mí Estados Unidos?

—Bueno —repuso la mujer de A.—, tienes una casa con cinco dormitorios, dos coches y una caravana, y tus tres hijos adultos tienen buenos trabajos con buenos sueldos.

¿Qué más podía esperar?

—Ya, bueno… —respondió la tía con amargura, y colgó el teléfono.

Fue una respuesta que A. oiría con frecuencia en las siguientes semanas. Estaba desconcertado.

—Sois tan prósperos —decía—, tenéis tantas cosas, y aun así estáis muy enfadados.

Y enseguida llegaba el conocido gruñido:

—Ya, bueno…

A. siempre había defendido que, aunque no se reconozca mucho su importancia, el aburrimiento, y el miedo que inspira, es una de las fuerzas más poderosas en la vida de las personas. Y Estados Unidos, decidió entonces, estaba sumido en un aburrimiento profundo y casi terminal.

Se alojaba en una casa agradable, en uno de los frondosos barrios residenciales que rodean el campus de la universidad. Unos días después de instalarse, lo invitó a cenar una pareja de hospitalarios profesores que le habían presentado hacía poco. Vivían lo bastante cerca para ir dando un paseo. Salió y, en la primera esquina, se encontró con una mujer negra con lo que le pareció un uniforme de policía, que iba y venía muy despacio en torno a un teléfono público. Intercambiaron unos saludos amistosos y él se detuvo a charlar.

La mujer le contó que una noche, hacía uno o dos años, a un estudiante de la zona lo había asesinado un atracador. Hubo comprensibles protestas y, en respuesta, las autoridades universitarias instalaron teléfonos de emergencia en cada esquina, cada uno atendido por un guardia de seguridad. Ella era uno de esos guardias, y esa era su ronda.

¿Cuánto duraba su turno? Diez horas cada noche. ¿Tenía descansos? Sí: uno de veinte minutos y dos de diez minutos cada uno. ¿Qué hacía en los descansos? «Me quedo en aquel portal de ahí». ¿Tenía auriculares, podía escuchar música o la radio? No…, tenía que estar atenta por si sonaba el teléfono.

—Lo cual no ocurre nunca —dijo, encogiéndose de hombros.

—¿Y qué hace en invierno? —preguntó él.

Otro encogimiento de hombros.

—Paso mucho frío.

—¿Puedo preguntar —tanteó él— cuánto le pagan?

—Bah, una miseria.

Luego, mientras cenaban en el lujoso apartamento de diez habitaciones de la pareja *bien pensant*, A. les habló de su encuentro con la guardia de seguridad y expresó su indignación porque una persona, cualquier persona, tuviese que hacer un trabajo tan horrible, absurdo y humillante y cobrar menos del salario mínimo.

La pareja hizo gestos de desaprobación, negó con la cabeza y murmuró unas palabras compasivas. Luego, después de un breve silencio, el anfitrión se animó, sirvió una copa de vino y la empujó hacia A., mientras decía:

—Prueba este chardonnay, es del valle de Napa, creo que te gustará.

Ese fue el momento, recordaría A. más tarde, en el que supo sin la menor duda que Donald Trump sería el próximo presidente de Estados Unidos.

En *Deseo y destino*, una crítica deslumbrante y demoledora de lo que en el mundo angloparlante se conoce bajo la etiqueta de «woke», David Rieff afirma —y lo hace más de una vez, para dejarlo bien claro— que los comisarios de la cultura woke son totalmente indiferentes a la política de clases. Al principio escribe:

Acaso lo woke se esté o no tambaleando, pero los ricos sin duda se están enriqueciendo, y muchísimo más, de hecho. De este modo es posible cuadrar lo que al principio parece un círculo: la satanización de la alta cultura tradicional de Occidente y la actitud más permisiva imaginable ante las desigualdades de clase.

¿Cuándo empezó a torcerse todo? Hace mucho, mucho tiempo. Rieff cita un ensayo del sociólogo Daniel Bell, publicado en 1976 y titulado *Las contradicciones culturales del capitalismo*, en el que Bell argumentaba que el sistema económico burgués, «el libre mercado, para ser precisos», había roto el sistema de valores burgueses tradicionales. Rieff tiene a Bell en la más alta estima, pero le reprocha que lo que no supo ver fue que, aunque las artes y los artistas en Occidente, sin duda desde mediados del siglo XIX en adelante, «interpretaron que su misión consistía en desintegrar el *statu quo* social», en realidad su verdadero papel «fue servir como una suerte de inadvertida vanguardia del libre mercado, mediante la sistemática destrucción de una vez por todas de la ética protestante».

Bell pensaba que lo que él consideraba el nuevo «sistema hedonista» del capitalismo de «permisividad social y libertinaje» no era sostenible. Rieff coincide en que «todo sistema social precisa de algún tipo de justificación moral».

Pero, en 1970, el año que señaló el inicio de la «década del Yo», era difícil prever cuál sería. Rieff escribe: «... al cabo de medio siglo ya sabemos cuál es: lo woke, la teoría crítica de la raza (TCR), la interseccionalidad, lo LGTBQ+ y todo lo demás. Estas doctrinas han moralizado el sistema sibarítico, disciplinado el libertinaje y politizado la permisividad».

Lo que han instaurado estas nuevas devociones, en nuestra era posreligiosa, es el culto de los cultos y el triunfo de lo kitsch, que es «el único tipo de cultura que el libre mercado puede realmente tolerar».

Deseo y destino es un ataque insistente, convincente y brillantemente argumentado contra las ortodoxias que, en la actualidad,

12

dominan en particular el mundo académico, a los patrocinadores de las artes y Silicon Valley.

Los lectores que tengan edad suficiente para recordar los años sesenta seguro que están teniendo estos días una descorazonadora sensación de *déjà vu*. En aquel entonces la academia cedió ante la nueva barbarie, que permitía a los jóvenes de clase media disfrutar de unos años de hedonismo antes de ponerse un traje y entrar en la correduría de bolsa de papá o ponerse un vestido de un diseñador y casarse, en fin, con un corredor de bolsa. El falso radicalismo de entonces, al igual que las políticas identitarias de ahora, era, como dice Rieff, «una combinación sorprendentemente compatible» con el capitalismo.

Los excesos y las estupideces arrogantes que aporta Rieff como pruebas de cargo ofrecen una lectura deprimente, alarmante y en ocasiones hilarante. «Parece evidente que estamos entrando de pleno a un mundo cuyas buenas intenciones destruirán lo que esta civilización tiene de bueno, sin mejorar sus muchos aspectos asimismo crueles y monstruosos».

En el mundo burgués recién despertado, argumenta Rieff, todos tienen que ser especiales, uno es lo que decide ser: así, un niño de nueve años puede decir que es una niña —¡y ay de quien lo contradiga!— y una prestigiosa editorial universitaria puede publicar *Marx para gatos: un bestiario radical*, de la profesora Leigh Claire La Berge, que, según afirma el texto de la contraportada de la Duke University Press, identifica «una animalidad en el corazón de la crítica marxista», pues los gatos «hace mucho que se tienen por animales de crítica económica y posibilidad liberadora».

Mientras tanto, una mujer con un uniforme barato cuida diez horas, de noche y en invierno, de un teléfono público, a menudo con temperaturas bajo cero. Pero da igual; como cuenta A., sí, el chardonnay era muy bueno.

En memoria de Edgardo Cozarinsky

La revolución cultural que arrasa en buena parte del mundo rico —una amalgama de subjetividad autoritaria más radicalmente expresada por la convicción de que los seres humanos son todo lo que sienten ser, y de una suerte de rousseaunismo lumpen, según el cual lo que hoy se denominan «modalidades indígenas de la mirada» se consideran al menos equivalentes a la razón y, según muchos progresistas, son superiores a esta— no tiene precedentes formales. Si bien muchos de sus componentes tienen, sin duda, antecedentes ciertos. He aquí cuatro de ellos: la pretensión comunista de crear un hombre nuevo; la satanización del pasado en la Revolución Cultural china, aunada al empeño en que la gente manifestara su repudio a aquel en público; la vetusta ilusión europea de que las sociedades premodernas eran en esencia moralmente inocentes, y la revolución terapéutica que popularizó (lo que Freud tenía presente en un principio era, desde luego, algo bien distinto) y convirtió en fetiche un yo imperial merecedor de satisfacción por el mero hecho de serlo, y enfatizó que, si no podía hacerse realidad el relato que alguien se contaba a sí mismo, entonces uno u otro orden opresivo lo había estafado.

Lo novedoso es la síntesis: dos cosmovisiones al parecer incompatibles —el individualismo radical y el comunitarismo radical que llamamos de modo más o menos insatisfactorio «política identitaria»— buenamente coexisten en el seno del mismo relato utópico.

17

Pero lo que también la distingue —al margen del conjunto de trilladas frases marxistas que revolotean en el ámbito académico— es su absoluta intolerancia a todo —el supremacismo blanco, el patriarcado, la heteronormatividad, etcétera—, salvo al capitalismo. Siempre que la comunidad empresarial se doblegue ante la nueva dispensación cultural (personas no blancas que de pronto predominan en la publicidad, banderas del Orgullo en la entrada de las torres de oficinas de las empresas incluidas en «Fortune 500»), puede proseguir venturosa su camino, como en efecto está ocurriendo. Acaso lo woke se esté o no tambaleando, pero los ricos sin duda se están enriqueciendo, y muchísimo más, de hecho. De este modo es posible cuadrar lo que al principio parece un círculo: la satanización de la alta cultura tradicional de Occidente y la actitud más permisiva imaginable ante las desigualdades de clase.

Se trata de un mundo en el que se considera peor sufrir una ofensa lingüística —por un error de género, una microagresión o un libro escrito en 1823 porque no presenta las mismas actitudes que los de 2023— que sufrir privaciones materiales. Esto supone que probablemente nada en esta revolución cultural afectará nunca los resultados empresariales. Las compañías lo entienden a la perfección, por supuesto, de ahí la celeridad con la que —para consternación de la mayoría de la derecha política— se han puesto la botarga woke, que les ha parecido amplia y cómoda y les ha venido muy bien. La única excepción son los ecologistas radicales. Su anticapitalismo es del todo genuino, pero ello se debe a que se trata del anticapitalismo del miedo. Cuando los ecologistas militantes se pegan las manos a famosas pinturas o les arrojan sopa, su *cri de coeur* es preguntarse cómo es posible que a la gente le preocupen más las bellas artes que el abrasamiento del planeta. En una galería con grandes cuadros occidentales, una manifestación woke (aunque no haría falta, los comisarios los invitarían con entusiasmo y emoción) despreciaría las obras, destacando sus vínculos con el colonialismo, la trata de esclavos, etcétera. Hoy en día, el censor y el expurgador tienen vía libre. Y su público, que se regodea en la plena satisfacción de su propio alardeo moral, estaría encantado; aunque, cuando los verdes radicales están a las puertas, se les denuncia como vándalos.

Y sin duda lo son. Pero al menos se concentran en el conocimiento, erróneo o no —en este contexto es irrelevante—, de las efectivas realidades de la crisis climática. Son histéricos de los hechos. ¿Y los revolucionarios culturales? Son los histéricos de sus sentimientos. En esta época de relativismo punitivo, entonces, no debería ser una sorpresa a quién se tolera, agasaja, consiente y defiere, y a quién no.

Dada la demolición ocurrida desde hace un cuarto de siglo en las humanidades universitarias en nombre de la equidad, y dada la facilidad con la que los requerimientos identitarios y los vetos de la academia —sobre todo el empecinamiento en que la representación es crucial, pero la calidad no lo es— hayan acabado por prevalecer en el ámbito corporativo de toda la anglosfera, no sorprende entonces que muchos conservadores reconsideren su adhesión al llamado libre mercado. La pregunta, por ende, es obvia: ¿por qué han tardado tanto? ¿De verdad no advirtieron que el capitalismo con el que sobradamente se identificaban —al margen del hecho de que esa compenetración era en gran medida dialéctica, en el sentido de que fueron procapitalistas por ser anticomunistas— era, como afirmó una vez mi madre, «el elefante en la cacharrería de la historia de la humanidad»?

Es como si, de algún modo, los conservadores hubiesen imaginado que la concepción cultural que inmejorablemente expresó T. S. Eliot en «La tradición y el talento individual», donde arguye que la verdadera importancia de la obra de un artista —incluso, de hecho y acaso sobre todo, la de los más innovadores y originales, en el sentido recto y no efectista de estos vocablos, y que el propio Eliot encarnara— estriba en la relación entre dicho artista y los poetas y artistas muertos que lo preceden, podría prosperar mucho tiempo en una cultura capitalista.[1] En otras palabras, es como

20

si, de algún modo, supusieran que lo que Daniel Bell describió como el «individualismo radical en la economía [del capitalismo] y, así, su disposición a destruir todas las relaciones sociales tradicionales en el proceso»,[2] una ideología que, para emplear la jerga identitaria actual, es por definición «presentista» y además desprecia palmariamente el pasado, podría de algún modo dejar aún espacio libre al tradicionalismo en la cultura según el sentido dado por Eliot.

Pues la tradición, al menos a largo plazo (ya que siempre hay evidentes solapamientos entre épocas históricas y culturales), es el oponente cultural, y quizá incluso moral, de la innovación, anhelada siempre, en definitiva, por el libre mercado. Por emplear el cliché de las escuelas de negocios, las nuevas tecnologías generan nuevas industrias que a su vez producen nuevos bienes y servicios. En el proceso, las relaciones sociales se transforman. Incluso si están en lo cierto quienes sostienen que el capitalismo, mediante el proceso que Schumpeter bien describió como «destrucción creativa», es el mejor sistema económico de la historia para la creación de prosperidad, el precio que siempre se ha cobrado es el de la alta cultura.

En *Las contradicciones culturales del capitalismo*, su libro de 1976, Daniel Bell rechazó la idea de Marx según la cual la cultura es un reflejo de la economía y está «indisolublemente aliada a ella a través del proceso de intercambio»,[3] y sostuvo en cambio que la cultura había ganado cada vez más autonomía. Y, sin embargo, la relación que Bell estableció entre el incremento de la renta discrecional, que había «permitido a los individuos elegir muchos artículos diversos para ejemplificar un estilo de consumo diferente», con un ámbito y alcance cada vez más amplio de lo que denominó «comportamiento social discrecional», y el surgimiento de lo que con razón consideraba un orden cultural que orgullosamente se proclamaba a sí mismo como adversario del orden social establecido encaja mejor, en realidad, con la postura de Marx que con la del propio Bell, como demuestra el hecho de que, hacia el final de su ensayo, este reconoce que «la ruptura del tradicional sistema de

21

valores burgués fue, de hecho, causada por el sistema económico burgués; por el libre mercado, para ser precisos».[4]

A pesar de su excepcional clarividencia, Bell no parece haber comprendido —y comprendió muchísimas cosas, buena parte de las cuales no solo los conservadores, sino también los liberales, están empezando a comprender actualmente— que, si bien es incuestionable que, desde mediados del siglo XIX y a pesar de la presencia de algunas voces disidentes como la de Eliot, las artes en Occidente interpretaron que su misión consistía en desintegrar el *statu quo* social, en retrospectiva queda claro que su función más importante en términos históricos globales fue la de servir como una suerte de inadvertida vanguardia del libre mercado, mediante la sistemática destrucción de una vez por todas de la ética protestante y de sus compromisos morales y económicos con la recompensa diferida, así como con lo que Bell llamó la «prudencia maltusiana». El lenguaje de Bell es elegíaco. El capitalismo estadounidense, escribe, «ha perdido su legitimidad, que se basaba en un sistema moral de recompensa y en la santificación protestante del trabajo». Al escribirlo en 1970, es comprensible que pensara que la sustitución del moralismo protestante por el hedonismo, con lo que llamó el nuevo «sistema sibarítico» de «permisividad social y libertinaje» del capitalismo, resultaría insostenible.

Y si se hubiera detenido ahí, quizá Bell habría tenido razón, pues es indiscutible que todo sistema social precisa de algún tipo de justificación moral, y en 1970 no estaba nada claro cuál sería esa nueva justificación. Al cabo de medio siglo, sin embargo, ya sabemos cuál es: lo woke, la teoría crítica de la raza (TCR), la interseccionalidad, lo LGTBQ+ y todo lo demás. Estas doctrinas han moralizado el sistema sibarítico, disciplinado el libertinaje y politizado la permisividad. En lo tocante a la contradicción cultural sobre la que advertía Bell, también ha quedado resuelta, y al modo cartaginés, por medio del mecanismo de la condena y el repudio del pasado como racista, lo que en términos prácticos supone exigir la supresión de la alta cultura precedente. No podría ser de otro modo, pues, históricamente, la alta cultura, en todas las sociedades del mundo, ha sido siempre producto de los ricos y poderosos, de los reyes e imperios, de los príncipes de la religión o de los plutócratas. Y, por ende, la alta cultura se convirtió en el único obstáculo frente al libre mercado, y ahora también este la ha despachado. El arte puede coexistir con las baratijas, pero no puede perdurar indefinidamente ante las arremetidas de lo kitsch, el único tipo de cultura que el libre mercado puede realmente tolerar.

Schumpeter más Fanon. Inimaginable. Y, sin embargo, una vez imaginado, resulta obvio, tal vez incluso inevitable. Puesto que, al menos a largo plazo, es sin duda imposible tener un sistema económico basado en la obsolescencia y la destrucción (ya sea «creativa» u otra cosa) y un sistema cultural basado en la continuidad mojigata. Hemos sustituido al Gran Inquisidor por el Gran Terapeuta.

Solo el 8 por ciento de los estudiantes universitarios del Reino Unido se matricula en asignaturas de humanidades. Este es el contexto en el que se disputan las guerras culturales: como dijo Borges de la guerra de las Malvinas, «son dos calvos peleando por un peine». Lo cual no implica que los asuntos en disputa no sean importantes, ni mucho menos. Los disparates de lo woke y las bárbaras inanidades sobre el «antirracismo» ya van encaminadas a destruir la alta cultura en la anglosfera y probablemente también en partes de América Latina y Europa Occidental, aunque en esas regiones se manifieste una oposición cultural que casi ha desaparecido en la primera. Ello se debe a que casi toda la derecha de Estados Unidos, Canadá y Australia no está más comprometida con la alta cultura que con la preservación del entorno natural. En Europa Occidental y América Latina la alta cultura no es, al menos desde hace un siglo, un monopolio de la izquierda: de Borges a Houellebecq sigue viva una tradición conservadora. En cambio, en la anglosfera, una vez que se pasa de Chesterton, Eliot, Flannery O'Connor y Walker Percy los restos culturales son realmente exiguos.

Sin embargo, es probable que, en cincuenta años, las presentes batallas culturales se parezcan más a los últimos estertores de un pez que aletea desesperadamente en la cubierta de un pesquero que al conflicto ideológico y ético existencial que tan a menudo nos parece actualmente. Es preciso ser francos: lo que se ofrece en

24

la cultura contemporánea a ambos lados de la línea del frente woke-antiwoke es una sombra en la penumbra de la cultura del pasado. Lo cual no supone que no haya personas de talento en ambos bandos. Pero, si somos rigurosos, la afirmación de que los grandes días de la cultura occidental han quedado atrás es simple y llanamente un hecho. No hay nada de excepcional en ello. Las culturas y las civilizaciones son tan mortales como los seres humanos. Francesco Guicciardini, el gran historiador y político del Renacimiento, escribió que un ciudadano no debe deplorar la decadencia de su ciudad. Todas menguan, dice. Si hubiera algo que lamentar es que nos haya correspondido el infausto destino de nacer cuando la propia ciudad está en decadencia.

Sin embargo, un apasionado de la alta cultura debería mantener la lucidez sobre la calidad de lo que se produce hoy en día. En el mejor de los casos es buena, pero no excelente. Y un adepto de la gran revolución cultural woke debería ser igualmente lúcido: la fantasía de que la cultura puede ser en buena medida la representación de lo históricamente no representado o de que el testimonio es arte, son fábulas para la consolación. En cierto sentido, la fantasía woke es una suerte de mezcla infernal de Blake y Mao Tsetung: el culto a la experiencia fundido con el culto a la revolución cultural. En el peor de los casos, la cultura woke no es más que un conjunto de fantasías occidentales sobre la autenticidad y la nobleza de lo tribal y lo premoderno, y esto en una época en la que la identidad racial nunca ha sido tan fluida y en la que el mestizaje de las razas es la norma creciente (véase con quiénes se casan los judeoamericanos y los nipoamericanos para un caso extremo). «Por mi raza hablará el espíritu», escribió el gran pensador mexicano José Vasconcelos. Pero los woke y los «antirracistas» se están atando al mástil de un ideario esencialista de la identidad justo cuando esta se desvanece en el aire.

Si está a punto de nacer una nueva cultura, no provendrá de lo woke y el «antirracismo», de la nostalgia neotribalista y de las nociones de raza que, tipológicamente (aunque, por supuesto, no jerárquicamente), habrían complacido al peor científico del suprema-cismo blanco del siglo XX. Pero tampoco la alta cultura occidental ascenderá ya jamás a las alturas que tantas veces, y con tanta gloria, alcanzó en el periodo comprendido entre el Renacimiento y me-diados del siglo XX. Esa veta está agotada. Y la cuestión es que, de algún modo, en el fondo todo el mundo lo sabe. Por ende, ¿por qué alguien querría, por el amor de Dios, estudiar una asignatura de humanidades? Por supuesto, también hay razones materiales para la muerte de las humanidades. Uno tiene que ser materialista, si bien en este caso no demasiado: *allegro ma non troppo*, por así de-cirlo. La vieja cultura está agonizando, y la que pretende sucederla ha nacido muerta.

Sigue aumentando la indignación entre la gente de la derecha política (aunque no solo) por la prontitud con la cual el capitalismo no solo parece haber capitulado ante la política identitaria de la izquierda, sino por haberla incorporado de muy buena gana. Algunos lo consideran una traición, pero los observadores más perspicaces de la derecha, en cambio, ven en ese proceso una prueba más de la habilidad del capitalismo para cooptar y su capacidad para neutralizar movimientos sociales que, de otro modo, podrían suponerle una amenaza, mediante la efectiva adopción de una variante inofensiva de los mismos como propia; más o menos como en el caso de las vacunas, que se sirven de partes debilitadas o inactivas de un organismo concreto (antígeno) para desencadenar una respuesta inmunitaria en el cuerpo. El supuesto tras la respuesta del capitalismo a la política identitaria se basa en el mismo principio: una variante debilitada no causará que la persona inmunizada contraiga la enfermedad, si bien provocará que su sistema inmunitario reaccione del mismo modo que lo haría al verse expuesto por primera vez al patógeno real. Y en ambos casos ha tenido una fortuna extraordinaria.

En una sociedad capitalista donde la cartera de inversiones ideal está «diversificada» y el modelo de negocio más eficaz es el que «trastoca» los modelos de negocio anteriores, siempre fue absurdo suponer que, en las cimas dominantes de la vida cultural e

27

intelectual —las cuales, a pesar de todas sus ostentaciones, son cláusulas subordinadas de la oración económica—, la «diversidad» y la «disrupción» no se estimarían muy pronto por encima de todo lo demás. Hay otros componentes, por supuesto, sobre todo la indiferencia de la cultura contemporánea hacia la tradición, al menos hacia toda tradición que no se pueda rentabilizar de inmediato. Lo cual también refleja la irrelevancia de la tradición para el capitalismo contemporáneo, incluso su efectiva inmiscibilidad. Este es el componente negativo. El positivo, de mucha mayor relevancia, es que las políticas identitarias y el capitalismo contemporáneo encajan casi a la perfección. Piénsese, por ejemplo, en la multiplicación de identidades en este entorno, que son, para la vida cultural y moral, lo que la segmentación del mercado es para los catálogos de productos. O piénsese en cómo las humanidades y las ciencias sociales se consagran ahora a repudiar los pasados de cada una de sus disciplinas y a reimaginarlos (un «verbo», por cierto, que se deriva de los *imagineers*, los ingenieros creativos de la corporación Disney). Sí, en el ámbito académico el racismo y otras formas de exclusión son la justificación moral para ello. Pero el efecto es el encumbramiento de la disrupción como categoría del estado ideal en la vida cultural e intelectual, del mismo modo que los modelos empresariales disruptivos y las nuevas tecnologías sustitutivas son el estado ideal de una empresa.

Para el identitarismo de izquierdas es preciso trascender el pasado, no entenderlo en sus propias circunstancias, y mucho menos rendirle homenaje (salvo a quienes fueron sus víctimas). Más bien, solo si reporta algún valor como campo de estudio, se lo puede reclutar para las necesidades del presente. En los departamentos de Historia de las universidades esto se denomina explícitamente «presentismo», y quienes se resisten están luchando en una acción condenada a la retaguardia. Quienes se oponen con razón al presentismo —como los que se enfrentan en las facultades de Música al movimiento que resta relevancia a la tradición clásica occidental en favor de la música indígena o la música pop, y los que se siguen resistiendo en los departamentos de clásicas a la reivindicación según la cual su obligación más importante es impartir la historia de los marginados y no la de los grandes hombres, y que además creen que semejantes desarrollos no se relacionan de algún modo con el integumento capitalista donde están situados— interpretan muy mal lo que está sucediendo. ¿Por qué educar sobre las fustas cuando se puede enseñar realidad virtual? ¿Y por qué suponer que los universitarios deben ajustarse a los planes de estudio, si un consumidor no debería —ni podría— resignarse a aceptar un producto que no es de su agrado?

En un mundo capitalista en el que la tradición es un impedimento para la rentabilidad, ¿cómo podría la cultura surgida de este tener interés alguno en homenajear sus propias tradiciones? Sí, la izquierda identitaria todavía se proclama, en general, y se piensa a sí misma, en verdad, como anticapitalista. Pero como en aquel cuento, según el cual el gran triunfo del diablo fue convencer a la gente de que no existía, el gran éxito del capitalismo es hacer creer al mundo cultural que es autónomo del sistema de mercado, en lugar de ser, como todo lo demás, una de sus muchas dependencias. Que conste: jamás he puesto en entredicho la sinceridad de lo woke. Más bien se trata de que sus propugnadores son vándalos que se tienen a sí mismos por redentores.

En 1997, el crítico social Thomas Frank publicó un ensayo titulado «Por qué Johnny no puede disentir».[1] Aducía que, a lo largo de cuatro decenios, las ideas verdaderamente contraculturales de la llamada «generación beat» de los años cincuenta (la de Jack Kerouac, Allen Ginsberg y William Burroughs), «antagónicas a toda ley y a toda hegemonía» y que estribaban en lo que Frank denominó «una suerte de antinomismo nietzscheano, un cuestionamiento maquinal de las reglas, una oposición a todo precepto social que hayamos heredado», se habían convertido en «la ortodoxia capitalista, y actualmente su ansia de sucesivas transgresiones se adapta a la perfección a un régimen económico-cultural que opera con ciclos de novedad cada vez más cortos; su afición por la autorrealización y su intransigencia ante los límites de la tradición permiten ya una amplia libertad en las prácticas de consumo y la experimentación de estilos de vida». El nuevo decreto capitalista, arguye Frank, es el de la disidencia mercantilizada y la rebelión existencial convertidas «más o menos en el estilo oficial del capitalismo de la era de la información». Y prosigue ofreciendo los siguientes ejemplos:

A veces hay que romper las normas: *Burger King.*
Si no te gustan las normas, cámbialas: WXRT-FM.
Las normas han cambiado: *Dodge.*
El arte de cambiar: *Swatch.*

Hay muchas formas de hacer las cosas:	*Levi's.*
Es diferente. Y lo diferente es bueno:	*Arby's.*
Tan simple como que es diferente de las demás:	*cerveza Special Export.*
Se ha rebasado el límite: el nuevo y revolucionario Supra:	*Toyota.*
Resiste lo habitual:	*el lema tanto de Clash Clear Malt como de Young & Rubicam.*
No imites, innova:	*Hugo Boss.*
Determina tu propio rumbo:	*Navigator Cologne.*
Te distingue de la multitud:	*Vision Cologne.*

En 1993, yo había formulado un planteamiento similar en un ensayo para la revista *Harper's* que calificaba al capitalismo de «socio comanditario del multiculturalismo». Lo que me sorprendió en aquel entonces fue que tantas personas que habrían llegado a esa conclusión, de estar dispuestas a reflexionar con frialdad en lugar de sentimentalmente, no hubiesen imaginado el necesario vínculo existente entre el capitalismo y la cultura occidental. Al contrario, el capitalismo siempre había sido «el elefante en la cacharrería de la historia humana», y la economía de mercado —ya de escala global— era «por naturaleza corrosiva de toda jerarquía y certidumbre establecida, incluyendo el racismo blanco y la supremacía masculina». Si hay un colectivo que adoptó el lema multiculturalista de los campus universitarios, «Oye, oye, es elemental, abajo la cultura occidental», fue sin duda la élite empresarial del orbe.[2]

La consternación de los conservadores y de muchos liberales convencionales provocada por el auge de la hegemonía cultural e institucional del «antirracismo» de estilo woke y a lo Ibram X. Kendi-Robin DiAngelo ha demostrado que todavía perduran ampliamente las ilusiones de los años noventa sobre la presunta incompatibilidad del antinomismo y el capitalismo. Es evidente que algunos aspectos han cambiado, sobre todo la constatación —particularmente escandalosa para la derecha política de toda la anglosfera—

31

de que el capitalismo, en efecto, puede ser woke. Lo cual ha producido, en ese espectro político, el resurgimiento de una crítica corporativista del capitalismo que no se veía en Estados Unidos desde los años treinta; una crítica que ha dado a los políticos conservadores el armazón intelectual para oponerse a dicha tendencia. Dos ejemplos destacados de ello son la acometida del gobernador de Florida, Ron DeSantis, contra las «corporaciones woke» como Disney y la determinación de un conjunto de tesoreros de estados gobernados por los republicanos de retirar miles de millones de dólares de los presupuestos estatales destinados a empresas adheridas a los denominados criterios ESG (la exigencia de que toda posible inversión en una corporación se condicione a la voluntad de cumplir diversos criterios relativos a cuestiones sociales —sobre todo a la «diversidad» étnica y de género, aunque no de clase, lo cual es de crucial importancia— en el escalafón de los altos cargos y el consejo de administración y de comprometerse a adoptar medidas ambientalistas, como la reducción del impacto ecológico).[3]

Pero incluso esta constatación se ha producido en buena medida en el contexto de la convicción de que, de algún modo, el capitalismo ha sido «captado» por lo woke. Para Jennifer Sey, otrora ejecutiva de Levi's (cuyas memorias *Levi's Unbuttoned: The Woke Mob Took My Job But Gave Me My Voice* [«Levi's desabrochado: La turba woke me despojó de mi trabajo, pero me dio una voz propia»] son un ejemplo representativo del nuevo género de escritura antiwoke entre las personalidades del ámbito empresarial), el meollo de la cuestión es tan simple como que demasiados consejeros delegados «carecen de valentía» y son «farsantes sometidos a la muy alharaquienta minoría: el exiguo puñado de empleados que se manifiestan frente a la sede o envían correos electrónicos al director de Recursos Humanos». Sey va más allá en su libro y sostiene que «los consejeros actuales criaron a [sus] hijos con la filosofía de "No soy tu padre, soy tu amigo"» y, como resultado, están decididos a «impresionar a sus hijos woke con su propia buena fe progresista».[4]

32

El crítico Wesley Yang ha defendido una explicación divergente y esencialmente moral, intelectual e institucional, calificando lo woke de «la ideología sucesora», con lo cual se refiere a la que está reemplazando al liberalismo de viejo cuño como categoría fundamental de la sociedad en toda la anglosfera.[5] Pero si el reparo al punto de vista de Sey es que es resueltamente psicológico, el reparo al de Yang es que es resueltamente conspirativo. En una extensa entrevista que concedió a Gerard Baker para *The Wall Street Journal* en 2022, Yang remontó el inicio de la ideología sucesora a mediados de los años ochenta[6] y «a los primeros simposios sobre lo que entonces era un nuevo movimiento dentro del ámbito universitario jurídico llamado teoría crítica de la raza. Sostenía que no debemos dar por sentadas las ideas de racionalidad o libertad de expresión si en verdad queremos tratar de alcanzar la realidad, en términos concretos, en una sociedad que siempre ha sido sistémicamente racista y que sigue siendo sistémicamente racista». La consecuencia, argüía Yang,

fue una larga marcha por diversas instituciones. No una que en mi opinión los fundadores originales anticipasen, pero que ocurrió en la enseñanza básica. Se hicieron con las facultades de educación. Se hicieron con las de trabajo social. Se hicieron con la disciplina de psicología, y así sucesivamente. Y esa larga marcha por las instituciones llegó a buen término hacia el año 2019 o 2020, cuando varios distritos escolares empezaron a implantar un programa de estudios completamente nuevo, que tomaba por axiomas aquellos puntos de vista por los que todo el mundo puede situarse en una jerarquía de la opresión, y que mostraba las maneras en que cada cual es un opresor, así como las maneras en que otro es oprimido, pasando entonces a ser posible hacer recuento de ello. Vamos a participar de este ejercicio en el que descubrimos nuestra identidad interseccional, aunque aún estemos en tercero. Esto es lo que les vamos a hacer a nuestros jóvenes. De ese modo, el proceso de radicalización que se produjo espontáneamente en Tumblr y en las universidades está ahora en vías de presentarse paulatinamente como axioma para una nueva generación y para una ya creciente mayoría no blanca de estadounidenses.

Yang comprende cabalmente que esta nueva ideología sucesora, lejos de ser la heredera del marxismo (al margen de la reiterada retórica neomarxista de los ideólogos woke en el seno del complejo académico-cultural-filantrópico), difiere en esencia de este al centrarse en lo identitario en lugar de en el conflicto central entre capital y trabajo, y «no parece en ningún caso estar dirigida a socavar o subvertir la relación capitalista medular. Meramente ha redefinido la utopía imaginada, como una en la que hay una representación proporcional de diversas identidades en el seno de la clase propietaria, en los estamentos superiores de las clases dirigentes». Como resultado, lo woke «ha sido adoptado muy fácilmente por quienes residen en las cimas dominantes de nuestro sistema capitalista. Y con ello tenemos a Angela Davis pronunciando un discurso en Goldman Sachs. Tenemos a BlackRock y a otros participando en el mismo acto anual —que parece que cada vez ocupa una parte más amplia del calendario— de mensajes arcoíris y alardeos variopintos».[7] El punto en el que estaría en fundamental desacuerdo con Yang (como me atrevo a suponer que también lo estaría Thomas Frank) es su conjetura según la cual se precisó de lo woke para desbancar al liberalismo de viejo cuño, pues este ya había sido desbancado por las transformaciones del capitalismo que Frank y yo identificamos en los años noventa. No hizo falta una larga marcha por las instituciones, pues estas ya habían cambiado hasta quedar irreconocibles para el capitalismo burgués, del que el liberalismo burgués, como diría un marxista, era la superestructura ideológica. En palabras de Frank,

el actual antinomismo corporativo es el enfático mensaje de casi todos los textos empresariales recientes, que intensifican sin cesar la insurrección corporativa iniciada por [el gurú empresarial estadounidense, Tom] Peters. El capitalismo, al menos tal y como lo conciben los manuales de gestión más vendidos, ya no consiste en imponer el Orden, sino en destruirlo. La «revolución», que en su día fue el lema totémico de la contracultura, se ha convertido en el lema totémico de los *baby boomers* en cuanto capitalistas. El empresario de la era de la información no venera las ideas recibidas y las prácticas tradicionales, sino que desconfía profundamente de ellas. Incluso la razón misma se considera ahora enemiga de la verdadera competitividad, una facultad obsoleta que los gestores concienzudos deben evitar a toda costa.[8]

En suma, el capitalismo ya había avanzado los trabajos de lo woke y de la TCR, de modo que, cuando estos irrumpieron en escena, estaban cruzando una puerta abierta. Y la razón por la que el capitalismo no tuvo reparos en abrir la puerta a lo woke y a la TCR no fue solo que, como Yang cree y enfatiza acertadamente, lo woke no suponga una amenaza al capitalismo, sino que su antinomismo es tan plenamente sinérgico con el nuevo orden capitalista antinomiano como el liberalismo... o, acaso con más precisión y menos «anglocentrismo», como la socialdemocracia con el orden capitalista hace medio siglo. Comparten, sobre todo, lo que Frank llamó «el imperativo de la diferencia sin fin».

Lo anterior no supone tampoco una ausencia de distinciones fundamentales entre el antinomismo de los años noventa y el actual. Lo woke es sumamente puritano, su relación con el placer es volitiva más que espontánea, censoria más que tolerante. La manifestación extremada de ello se puede hallar en los debates sobre la atracción sexual surgidos en el contexto de la integración del movimiento trans. Mientras que, en 1993, los estudiantes de las universidades de élite hablaban de «cuestionar tu privilegio» (es decir, del reconocimiento de una favorecida e inmerecida posición en la sociedad propia), los estudiantes actuales probablemente se refieran a «cuestionar tus preferencias» o, a veces, de las «políticas de la atracción», con lo cual se refieren, por ejemplo, a si es transfóbico negarse a salir con personas trans y si se debería propugnar un cambio interno de uno mismo, de igual modo en que se puede optar por renunciar a los privilegios de clase, género o raza. «La opresión estructural —escribió Nancy Kelley, directora ejecutiva del mayor colectivo de activistas LGBTQ+ de Gran Bretaña, Stonewall— puede influir en quién deseamos».[9]

En su cariz más extremo, este punto de vista —poco habitual en la esfera trans, aunque tampoco *infrecuente*— implica insistir en que el género con el que alguien se identifica es, o más bien debería ser, determinante, y en cambio los genitales no. Como escribió la escritora LGBTQ+ Layne Morgan en su cuenta de X, «Es perjudicial para las personas trans que asociemos "lesbiana" con "solo vaginas" y "gay" con "solo penes", porque género ≠ genitales. ¿Entendido?».[10] Pero incluso las expresiones menos extremas de este punto de vista son, en efecto, sumamente radicales, como es el caso de la aseveración de la filósofa de Oxford Amia Srinivasan, según la cual, mientras que «nadie tiene derecho a ser deseado, es una cuestión política quién es deseado y quién no lo es, una cuestión a la que suele responderse con pautas más generales de dominio y exclusión».[11] Una distinción aún más relevante entre el antinomismo de los años noventa y el nuestro es la importancia crucial de la idea del trauma como una, si no *la*, clave explicativa maestra no solo de la psicología individual, sino de la política colectiva. Thomas Frank describió los mensajes comerciales de los años noventa como algo que se metió en los hogares mediante «la iconografía vanguardista del rebelde: guitarras a todo volumen, cámaras que giran y ancianos asustados que, según nuestras predicciones, se convertirán en un atrezo cada vez más imprescindible a medida que los consumidores exijan mayores garantías de que ¡sí! ¡Eres un rebelde! ¡Mira cómo se ofenden!».[12] Sin embargo, en la actual sociedad, atormentada por las microagresiones e insistente en las advertencias de contenido, en la que el trauma colectivo de las minorías raciales y sexuales se acepta como hecho indiscutible, aunque las pruebas de tal afirmación sean, por lo menos, más que cuestionables, el mensaje equivalente debería ser: «¡Sí! ¡Eres un rebelde! ¡Mira qué ofendido *estás*!».

Con todo, hay más continuidad que discontinuidad general entre el antinomismo 1.0 y el 2.0. Dos libros sobre negocios que Frank destacó, *La era de la irracionalidad* (1989), de Charles Handy, y *Reingeniería de la empresa: Un manifiesto para la revolución empresarial* (1993), de Michael Hammer, bien podrían estar describiendo los departamentos de humanidades de las universidades como exitosas corporaciones cuando, por ejemplo, Handy se refiere al uso de nuevas modalidades de «aprendizaje que pueden [...] considerarse irrespetuosas, si no absolutamente rebeldes» y métodos de resolución de problemas que «nunca han estado bien vistos entre los defensores de la continuidad y el *statu quo*».[13] Por su parte, Hammer no solo advertía a sus lectores del empresariado estadounidense que desconfiaran de las prácticas tradicionales, sino que adujo que habían de prescindir de casi todo lo que sus predecesores capitalistas creían desde la época de Adam Smith y David Ricardo.

El antinomismo actual es, sin duda, más utópico, más represivo (sobre todo en lo tocante a las cuestiones de lenguaje) y más comunitarista. Pero esa bestia que se arrastra hacia Belén es claramente la misma. Lo único es que, en lugar de decir: «¡Mercantilizad vuestra disidencia!»; él, ella o... —elija *usted* su pronombre preferido— también diría: «¡Mercantilizad vuestra justicia social!».

Y se están ocupando en hacerlo. Un ejemplo extremo fue el anuncio (al cabo anulado) de la corporación Kellogg en el que Pop, junto con Snap y Crackle (los personajes caricaturizados que habían sido las antiguas «mascotas» del cereal para el desayuno más vendido de Kellogg, Rice Krispies), era ahora «una mujer trans». En X, un usuario preguntó exasperado: «¿Puedo comerme mis cereales en paz? ¿Por qué todo ha de ser una campaña de justicia social?».[14] De hecho, la respuesta es diáfana: porque el riesgo de no *presentar* todo como una campaña de justicia social es que se despliegue una *verdadera*, es decir, una campaña que pueda amenazar el *statu quo* económico, en el que las empresas estadounidenses se salen con la suya en todos los sentidos esenciales. Véanse las políticas fiscales: en el caso de Kellogg, se retiraron las enormes subvenciones gubernamentales al jarabe de maíz con alto contenido en fructosa que permitían a la empresa fijar el precio de sus cereales de desayuno muy por debajo del coste; y en el poder de las donaciones y el cabildeo de las empresas que ha corrompido y desdemocratizado aún más un sistema político estadounidense de por sí muy corrupto y, en el mejor de los casos, solo en parte democrático.

En cuanto se mercantiliza la disidencia, argumentaba Frank, esta ya no lo es en ningún sentido estricto, y de hecho en ningún sentido fiable del término. «En los anuncios de televisión —escribió—, por medio de los cuales el nuevo empresario estadounidense ofrece la imagen y concepción de sí mismo al público, la ortodoxia de moda son la revolución perpetua y el evangelio de la transgresión de las normas. Basta ver unos minutos para detectar uno de estos lemas y comprender el dominio del antinomismo sobre la mente corporativa».[15]

¡Qué ironía! Es la derecha, y no la izquierda, la que quiere hacer entrar en razón al capitalismo o, en caso de no conseguirlo, hincarlo de rodillas, tal y como Christopher F. Rufo, uno de los activistas de derecha más perspicaces, ha señalado que puede ocurrir con Disney, a raíz del enfrentamiento de la corporación a la nueva ley de Florida que restringe lo que los profesores pueden enseñar en las aulas sobre temas LGBTQ+. La derecha no se equivoca al detectar a una Disney woke. La empresa ha adoptado el llamado «lenguaje inclusivo» en sus parques temáticos para que se reciba a los visitantes con un «Hola, amigues», en lugar de «Hola, niños y niñas». Y una alta ejecutiva de Disney, Karey Burke, confesó que, como madre de un niño transgénero y otro pansexual, quiere más protagonistas gais en relatos que no traten solo de ser gay, y ha propuesto que al menos el 50 por ciento de los personajes provenga de «colectivos subrepresentados».[16]

Mientras tanto, siempre que estos colectivos poco visibles se vean representados, la izquierda identitaria poco tendrá que decir sobre la naturaleza de los productos de Disney. En efecto, en muchos casos esta izquierda y los ideólogos del denominado «antirracismo» que predican Kendi y DiAngelo están cada vez más contentos de ser proveedores de contenidos para las corporaciones del mundo del entretenimiento. Qué lejos se ha llegado desde los años setenta y ochenta, cuando el libro del escritor chileno Ariel Dorfman *Para leer al pato Donald* era el modo en que la izquierda comprendía lo que empresas como Disney estaban vendiendo realmente. En la actualidad, en cambio, siempre que sea inclusivo y diverso, oye, ¿qué inconveniente hay?

Thomas Frank predijo todo esto mucho antes de lo woke: «La fantasía empresarial contemporánea imagina un mundo de cambios incesantes y turbulentos, los centros ceden eufóricamente, la pusilánime criatura pretérita de franela gris se extingue con gozo».[17] Y añadió que, si bien «los guerreros culturales prominentes de la derecha acaso creyeron que la contracultura era la perdición del capitalismo, los empresarios antinomianos son más perspicaces». Por supuesto, pues en los veinticinco años transcurridos desde que Frank publicó *Commodify Your Dissent* [«Mercantiliza tu disidencia»], la contracultura se ha convertido en *la* cultura, y punto. Sin duda alguna, el antinomismo de la presente década es de una gravedad específica diferente: ya no se trata del individuo transgresor (el individualismo ha caído tan en desuso como el liberalismo o el análisis de clase), sino más bien del colectivo transgresor. Ello explica, me parece, el carisma de lo trans en la cultura actual, pues ese es el grupo transgresor por excelencia.

Lo que la derecha no pudo comprender entonces, y no puede comprender ahora, es que, en conjunto, el antinomismo es bueno para los negocios, al menos en mercados selectos, aunque cabe suponer que Disney habrá de modificar su contenido en China o en Arabia Saudí y el Golfo, y quizá también en la India de Modi. Pero ya lo sabemos todo sobre la segmentación de mercados. En cuanto a la izquierda, nada de ello plantea un problema grave, pues no hay militancia de izquierdas más provinciana y ensimismada que el izquierdismo identitario de la anglosfera. El proyecto de ley anti-LGBTQ+ de Ron DeSantis es una amenaza existencial, pero ¿qué hay del encarcelamiento masivo de uigures en China? En Disney ningún «creativo» (por emplear el espantoso neologismo que designa a escritores, músicos, cineastas y animadores) ha convocado una huelga general para protestar por los negocios de la empresa en China, como tampoco los que exigen a Netflix que rompa sus lazos con Dave Chappelle, el comediante antiwoke, convocarían una movilización contra la misoginia, la homofobia y la transfobia infinitamente más extremas de la música rap.

El fracaso en contener la inflación, la drástica escalada de la guerra en Ucrania, la invasión china de Taiwán, otra pandemia y el cambio climático: todo ello amenaza en potencia el orden capitalista. ¿Que Pop, la mascota de Rice Krispies, se rebautice como mujer trans? No es más que un buen negocio. Si tengo razón, entonces el futuro de la anglosfera será el capitalismo con rostro transgénero.

No tengo reparos en analizar lo woke en la cultura y en el ámbito académico desde el punto de vista ideológico y moral, pero se ha de ser muy precavido para no desvincularlo de las condiciones materiales en que prospera y del contexto institucional más amplio en que se asienta. El contexto es el de unas universidades gestionadas siguiendo un modelo de negocio en el que, gradualmente, las opiniones de los administradores acarrean un peso cada vez mayor, mientras que las de los profesores es cada vez menor en proporción. Si se concibe así la universidad, y a los alumnos como clientes, la innovación de productos se convierte en un aspecto importante, sobre todo en las disciplinas en las que la retribución económica por estudiarlas es ínfima. Lo woke ha suministrado esta nueva línea de productos y ha podido presentarse a sí mismo con el valor añadido de una oferta de mejoramiento moral. Si las humanidades fueran una empresa de cereales para el desayuno, podrían anunciar lo woke como «Sabe bien» (traducción: por la intensidad de azúcar de los cereales; léase: se le exigirán a usted muchos menos conocimientos) y «Es bueno para usted» (traducción: podrá contarse entre los virtuosos al adentrarse en ello).

Al mismo tiempo, las condiciones de las facultades de humanidades se parecen cada vez más a las del resto de la economía de pequeños encargos: los docentes son estudiantes de posgrado, ayudantes de cátedra e instructores sin plaza, como conductores de

Uber intelectuales. En este sentido, los recientes y prometedores empeños por sindicalizarse son divisa de la proletarización de los profesores más jóvenes, tanto en términos económicos como de posición social. Piénsese en los jóvenes sobrecualificados que trabajan en Starbucks. Pero incluso si esos empeños se cumplen, lo harán en un entorno de posibilidades de empleo disminuidas, como revela palmariamente la somera revisión del número de cursos humanísticos y sus dotaciones presupuestarias.

De ahí mi escepticismo ante el planteamiento que Wesley Yang ha defendido con más énfasis, el de que lo woke y la versión Kendi-DiAngelo del «antirracismo» pueden caracterizarse exactamente de «ideología sucesora». En todo caso, es justo lo contrario: lo woke no es solo el proyecto emancipador de los mentecatos, por parafrasear la célebre frase de August Bebel de que el antisemitismo era el socialismo de los tontos; es una superestructura cultural casi perfecta del capitalismo de la anglosfera contemporánea, en apariencia solidaria, pero en realidad rematadamente despiadada. Los académicos de lo woke podrán salmodiar todo lo que se quiera sobre el capitalismo racial y denunciarlo de sol a sol. Pero eso no los convierte, ni los convertirá nunca, en otra cosa más que en tontos útiles a su servicio.

Un viejo chiste de los servicios de inteligencia cuenta que el agente doble ideal es el reclutado para traicionar a su país mediante la transmisión de los secretos mejor guardados de su propio Gobierno, pero que al revelarlos cree falsamente que no sirve a la agencia rival, sino a los servicios de otra nación bien distinta. Por supuesto, si lo descubren, el agente doble, tarde o temprano, revelará todo sobre su traición. Sin embargo, si está sirviendo a la CIA y se consigue convencer eficazmente al topo de que se es un agente del BND alemán o de la DGSE francesa (en lugar de la agencia estadounidense), es poco probable que el daño a la operación sea tan grave como si el topo hubiera confesado de buenas a primeras a sus interrogadores que la CIA estaba detrás de todo ello.

Al observar la irrupción de lo woke y la instauración de la diversidad, la equidad y la inclusión (DEI), además de otros programas woke, se presenta el interrogante: ¿está el capitalismo del mundo posprotestante involucrado en una manipulación parecida? Es obvio que el paralelo no es exacto. El agente de la CIA intenta engañar al topo, en tanto que los consejeros de las empresas, cuyas decisiones ya han sido en parte moldeadas por esa versión vulgarizada de la teoría crítica de la raza que difunden Ibram X. Kendi y Robin DiAngelo, se están engañando a sí mismos. En lo tocante a los universitarios equivalentes de los topos, no hay razón para dudar de la sinceridad de los adherentes al devenido plan-

43

teamiento ortodoxo del complejo académico–cultural–filantrópico, el cual por fin está rompiendo las cadenas de la supremacía blanca, el patriarcado «cishetero», la neurohomogeneidad (lo que solía llamarse cordura, y con razón), el capacitismo, la gordofobia, etcétera, en un aluvión que un académico del campo de la STEM (ciencia, tecnología, ingeniería y matemáticas, por sus siglas en inglés) denominó recientemente el movimiento de la «reparación y la revuelta».[1]

Sin embargo, no es la menor de las distorsiones intelectuales y morales de nuestra época que las personas se hayan convencido a sí mismas, o hayan sido persuadidas, de que la sinceridad de una creencia es prueba de su verdad, suponiendo, por supuesto, que dicha creencia esté en sintonía con las certidumbres identitarias actuales. En palabras de Fidel Castro (el cual, siendo justos, habría despreciado lo woke): «Dentro de la revolución, todo; contra la revolución, nada».[2] Para decirlo sin ambages, puesto que se ha vuelto verosímil referirse a «mi verdad», incluso cuando no se corresponde con «la» verdad, ya no puede haber correlatos objetivos, solo subjetivos. Por ello, sentirse ofendido por algo no solo está dotado del aura noble de la victimización y el martirio, sino además enteramente determinado por los sentimientos de quienes se sienten ofendidos. Los oprimidos siempre tienen razón, por así decirlo; lo que, siendo benevolentes, no se ajusta a las realidades universales de nuestra común y deficiente humanidad. Por el contrario, Fanon —uno de los héroes de la izquierda identitaria— entendió cabalmente que la víctima puede con facilidad transformarse en verdugo y, en algunos casos, incluso anhela convertirse en uno. En ese sentido, la DEI, y la política identitaria en general, son ilusiones convertidas en armas arrojadizas.

En un podcast titulado *All-In* [«Con todo»], que copresenta Chamath Palihapitiya, el multimillonario inversor de capital riesgo, este declaró: «A nadie le importa lo que está ocurriendo con los uigures [...]. Estoy diciendo una verdad cruda y terrible, cierto; de todas las cosas que me importan, sí, esa no cuenta». Las redes sociales reaccionaron a sus comentarios con indignación generalizada. Incluso el equipo de baloncesto Golden State Warriors, del que Palihapitiya es inversor, se distanció de inmediato. En un comunicado de prensa la dirección del equipo se esforzó por señalar que Palihapitiya era un «inversor minoritario sin funciones operativas en el día a día de los Warriors». «El Sr. Palihapitiya —reiteraba el comunicado— no habla en nombre de nuestra franquicia, y, evidentemente, nuestra organización no comparte sus opiniones».[2]

A las cuarenta y ocho horas, Palihapitiya ya se había retractado en parte, reconociendo en una entrada de X que a sus comentarios «les faltó empatía» e insistiendo en su convicción de que «los derechos humanos importan, ya sea en China, Estados Unidos o cualquier otro lugar».[3]

Lo que, en buena medida, se pasó por alto en esa agitación generalizada fue lo dicho posteriormente por Palihapitiya, cuando insistió en que lo que le preocupaba era «el hecho de que nuestra economía podría cambiar de un día a otro si China invade Taiwán. Me preocupa el cambio climático. Me preocupa la decrépita e inutilizada infraestructura sanitaria de Estados Unidos».[4] Había que pasarlos por alto, porque esos comentarios representan fielmente el consenso de Silicon Valley, que en verdad recoge la preocupación por el cambio climático y por la situación de Estados Unidos, mientras que el temor a una invasión china de Taiwán no es porque esta sea una democracia y China una tiranía, sino porque saben que sería catastrófica para sus empresas, el comercio internacional y los mercados bursátiles.

Incluso con respecto a los uigures, las opiniones de Palihapitiya no eran poco representativas, como fingió la gente. Se equivocó al afirmar que a nadie en Estados Unidos le interesa lo que le está sucediendo a los uigures. A la gente sí le importa, en el sentido de que se horrorizan cuando ven reportajes sobre lo ocurrido. Pero Palihapitiya habría estado en lo cierto si hubiera matizado que, si bien interesa a los estadounidenses, no les importa *tanto*. No se trata solo de que las empresas estadounidenses no tengan intención de interrumpir sus negocios en China a causa de los uigures; sino de que, al margen de algunos activistas y personas con conciencia —y, para ser francos, se trata de una ínfima minoría—, los estadounidenses no boicotean los productos chinos (téngase en cuenta que son tan abundantes que sería casi imposible hacerlo de modo asequible). Como tampoco los campus universitarios se desgarran con la reivindicación de que las fundaciones desinviertan en empresas que comercian con China, como sí ocurre con las empresas de combustibles fósiles y del Estado de Israel.

Lo que el atolondrado Palihapitiya había hecho en realidad era repetir en público lo que casi todos los dirigentes empresariales y, francamente, la mayoría de los estadounidenses piensan en privado. De igual modo que no hay consenso para entablar una guerra con Rusia por Ucrania, a pesar de todos los esfuerzos de la clase política dirigente de Washington, tampoco hay un amplio apoyo para provocar una crisis comercial con China por los uigures. Pero las redes sociales son una maquinaria de indignación, una fábrica de mojigatería, y, simplemente, no se ha de hacer eco a semejantes cosas.

Un detalle sorprendente de este masivo ejercicio adulatorio y absolutivo en que se ha convertido el ataque a la declaración de Palihapitiya es que casi todas las reacciones en X, incluso con respecto a lo que bien podría ser un genocidio, han sido expresadas como una ofensa. Un ejemplo de ello fue el mensaje del abogado de derechos humanos Rayhan Asat, que fustigó a Palihapitiya por «no reconocer siquiera que su comentario ha ofendido a la comunidad uigur» y su declaración era «cómoda» para China. No es que Asat se equivocara en sus comentarios, sino que estaban despolitizados y, de hecho, despolitizando.

Pero la distinción entre lo personal y lo político ya se ha borrado, al igual que se borró la distinción entre metáfora y realidad. La nuestra es una era insensata por su negativa a reconocer toda diferencia efectiva y relevante entre lo metafórico y lo real. Que ello es un profiláctico contra el pensamiento debería resultar evidente. Pero también es un profiláctico contra la acción decidida. Por supuesto, todo el mundo lo sabe de algún modo, por ello el alardeo moral —tanto, si no más, ante uno mismo como ante los otros— se ha convertido en el gesto característico de la época, un periodo de mala fe en el que la culpa performativa de la clase directiva profesional actual guarda la misma relación con la vergüenza real y la culpa real que el césped artificial con la hierba.

V-Dem es un laboratorio de ideas sueco, con sede en el departamento de Ciencias Políticas de la Universidad de Gotemburgo. Fundado en 2014, desde entonces publica anualmente un *Informe sobre la democracia*. En algunos aspectos se asemeja a los informes publicados por Freedom House, si bien son relevantes las diferencias en el modo en que las dos instituciones describen y enmarcan sus conclusiones. Freedom House es simplemente un centro de políticas que busca sobre todo influir en el Gobierno de Estados Unidos. Así lo afirma el cibersitio de la institución: «Freedom House aboga por el liderazgo de Estados Unidos y su colaboración con gobiernos afines, con el objeto de oponerse decididamente a los dictadores y la opresión y de fortalecer la democracia en todo el mundo».[1] Es decir, defiende puntos de vista de la dirigencia política progresista en Washington que es posible compendiar así: a pesar de todos sus defectos, un orden internacional dirigido por Estados Unidos es preferible a todas las demás opciones disponibles y debe mantenerse, empezando por subsanar el daño supuestamente infligido por Donald Trump.

En cambio, el estilo de V-Dem es frío y analítico. En su sitio web, se presenta como «uno de los mayores esfuerzos de recopilación de datos de las ciencias sociales de la historia, con una base que contiene más de 16 millones de puntos de datos». Pero también pone de manifiesto su propia corriente ideológica, al definir

48

en particular su iniciativa Case for Democracy [Defensa de la democracia], iniciada con una subvención de la Comisión Europea, como una «[recopilación] de investigaciones de vanguardia sobre los beneficios de la democracia para el desarrollo económico y humano, la salud y las salvaguardas socioeconómicas, la protección del medio ambiente y las acciones climáticas, así como la seguridad internacional y nacional».[2] Debo confesar mi escepticismo, en primer lugar, ante las instituciones que buscan fomentar y hacer proselitismo de una ideología y, en segundo lugar, el hecho de que el liberalismo (en el sentido estadounidense del término) sea acaso la primera ideología secular en la historia del mundo que no admite plenamente que *se trata* de una ideología (el subconjunto derecho-humanista es especialmente fervoroso al respecto) incrementa mi escepticismo. No obstante, si se descarta el carácter polémico de lo informado tanto por V-Dem como por Freedom House, resulta evidente que, en años recientes, son cada vez más los regímenes en todo el mundo que precisan de refinadas herramientas de medición para ser calificados de «autocráticos» en lugar de «democráticos».

Como tantos otros supuestos del periodo inmediatamente posterior a la Guerra Fría, el planteamiento de que el mundo devendría cada vez más democrático, en un sentido serio y duradero —y no puramente electoral—, fue siempre una embriagadora mezcla de la OTAN y, principalmente, el triunfalismo de Estados Unidos con los ensueños y el provincialismo progresista. Se trataba, sobre todo, de un discurso del progreso que confundió el fin del imperio soviético con el fin de la historia. Tanto Freedom House como V-Dem enfatizan la existente resistencia mundial ante el tsunami autocrático que arrasa el mundo y, en alguna medida, sin duda cuentan con la justificación empírica para ello (piénsese en Túnez y, por supuesto, en los extraordinarios y valerosos jóvenes de Myanmar). Pero los datos aportados no ofrecen muchas razones para el optimismo. En el panorama global, a pesar de las expectativas de los años noventa, la autocracia, y no la democracia, es la norma que se está extendiendo.

Según el informe V-Dem de 2023, «las autocracias electorales siguen siendo el tipo de régimen más común».[3] Cita a la India como un país que, bajo el Gobierno de Modi, ha pasado de ser la democracia más grande del mundo a una autocracia electoral. Estas se suman a la larga lista de las denominadas «autocracias cerradas» según el informe. En conjunto, las dos versiones de autocracia acogen al 68 por ciento de la población mundial, en tanto que las democracias liberales plenas disminuyeron de cuarenta y un países en 2010 a treinta y dos en 2020, y su proporción de la población es de solo el 14 por ciento. Las democracias electorales, aunque no del todo liberales, representan sesenta naciones y el 19 por ciento restante de la población.

Tras la lectura del estudio de V-Dem, cabe primero preguntarse por qué era tan ardiente el optimismo sobre la democratización del mundo. Pues, como indica el informe, si bien el número de democracias liberales en 1972 pasó de veinte y alcanzó cuarenta y uno en 2010 como cota máxima, «el aumento proporcional de la población del mundo no se vio acompañado por el aumento del número de países durante estos años». Las noticias durante este periodo, insiste el informe, fueron en realidad mucho más positivas. «En su cota máxima de 1999 —continúa el informe—, 72 países, con el 30 por ciento de la población mundial, se hallaban en vías de democratización».

La anterior tendencia se ha invertido ahora con lo que V-Dem denomina «la tercera ola de autocratización». En 2020, señala el mismo informe, «más de un tercio (34 por ciento) de la población mundial vivía en países en proceso de autocratización, mientras que un minúsculo 4 por ciento vivía en naciones en proceso de democratización». Y, en suma, V-Dem calculó que, en 2020, ochenta y siete estados, que comprenden el 68 por ciento de la población mundial, vive en alguna forma de autocracia, frente al 48 por ciento en 2010.

Como afirmó el escritor Samuel Moyn sobre los argumentos de Steven Pinker, ciertamente «un volcado de datos no es una

50

filosofía de la historia».[4] Es evidente que la pauta de la década anterior podría invertirse en esta. Y dado que la esperanza es una categoría metafísica (no falsable), cabe hacer eso precisamente: esperar, si se está dispuesto, a que las cosas vuelvan a encauzarse por la vía de la democracia liberal. Pero el optimismo es una categoría empírica, y no hay base alguna para pensarlo. Es improbable que más adelante se descarte el enorme aumento de poder acumulado por el Estado durante la pandemia, al menos en la mayoría de los países. Mientras tanto, es probable que continúe el proceso de *relativa* decadencia del mundo euroamericano comparado con el del noreste de Asia (económica por ahora, pero, si sigue la pauta histórica, pronto será también cultural e intelectual) y acaso, aunque ello es mucho menos evidente, se profundice.

Me parece que, en el futuro, el mismo término «democracia» se volverá impreciso. Adviértase que el gobierno nacionalista hindú del BJP en la India se considera democrático porque es mayoritario. Y la *República* Popular China nunca ha reconocido que no sea democrática. Además, en la actualidad, el Estado chino emplea el lenguaje del antiimperialismo para negar su propio carácter autocrático. Por ejemplo, el ministro de Asuntos Exteriores chino, Wang Yi, declaró con acritud recientemente que «la democracia no es la Coca-Cola, un jarabe producido en Estados Unidos que sabe igual en todo el mundo». ¡Bien habría podido hacer de médium de su Ariel Dorfman o Eduardo Galeano interior! Y objetó frontalmente la «acusación autocrática», alegando que era un error calificar a China de «autoritaria». China es una democracia, insistió; solo que la democracia china «adopta una forma diferente a la de Estados Unidos».[5]

No se trata de una línea exclusiva del funcionariado chino. En la revista digital *Rest of the World*, que ofrece «información sobre noticias tecnológicas globales»,[6] un artículo reciente presenta a Andy Tian, curtido en el ámbito tecnológico tanto estadounidense como chino. Tian fue empleado en Google y, al cabo, impulsó por su cuenta una serie empresas que culminaron en la que posee actualmente: la Asia Innovations Group (AIG), con sede en Pekín y dedicada sobre todo a desarrollar aplicaciones centradas en su plataforma de transmisión en directo, Up-Live. La aplicación no obtiene beneficios de sus emisores (es decir, de quienes transmiten), sino de sus adeptos y seguidores, a los que se anima a que hagan donativos virtuales, de los cuales Up-Live cobra un porcentaje.[7]

En una entrevista reciente, Tian expresó su propia versión del argumento de Wang Yi sobre las diversas formas que adoptan la democracia china y estadounidense: la «primera etapa» de la innovación tecnológica se había desarrollado en Estados Unidos, subrayó Tian. Pero los empresarios chinos como él iban a cambiar las cosas. «¿Cuál es la siguiente etapa de la evolución [tecnológica]?», preguntó retóricamente. Y pasó a responder: «Los situados en los mercados emergentes —se jactó Tian— estamos tomando el mando». Y luego concluyó con una floritura: «Estamos descolonizándonos», afirmó.[8]

Autocracia y wokismo. Un matrimonio perfecto. Y lo más probable es que termine en armonía de por vida antes que en posterior divorcio. Bromas aparte, era inevitable que el orden democrático liberal fuese a extinguirse, como ocurre con todos los sistemas políticos, al igual que con la vida humana individual. La única pregunta importante era *cuándo* se extinguiría. Todo lo que veo a mi alrededor, leo y observo, parece indicar que será más pronto que tarde, es decir, si es que no se está extinguiendo ya.

El novelista y crítico Ryan Ruby escribió en X que «lo históricamente característico de los ultrarricos actuales, en cuanto clase, es que no manifiestan ningún interés en la alta cultura, y mucho menos en la literatura. Las circunstancias han empeorado tanto que el gusto ya no es necesario para legitimar la riqueza o para distinguir a los ultrarricos de los posibles competidores».[1] Esta impresión de que actualmente ya no es preciso ser patrono de la alta cultura y de que, de hecho, tal cosa puede crear un obstáculo para la legitimación social que los mecenas y los patrocinadores corporativos habían tratado de acreditar hasta ahora por medio de la filantropía, explica el desamparo (y a veces incluso el repudio) de la alta cultura por parte de la clase donante de modo mucho más convincente que las teorías conspirativas de la derecha sobre el secuestro de la cultura por parte de lo woke y la teoría crítica de la raza, etcétera, o que el triunfalismo de los burócratas de la nueva dispensa cultural que creen haber arrebatado a la antigua élite sus cotos dominantes y que por fin los están abriendo a los marginados y excluidos. En realidad, la «justicia social» de la crítica cultural estaba empujando una puerta ya entornada. Ryan Ruby también ofrece de ello una explicación esclarecedora. Para los ultrarricos, escribe, «la profundidad y el refinamiento son un pasivo, ya que el mantenimiento de su posición de clase depende de hacerse con el Estado, lo que a su vez impone no enemistarse con demasiada gente».[2]

Se puede establecer aquí una analogía con el cambio de código en la vestimenta de los aristócratas europeos a comienzos del siglo XIX. Previamente, la magnificencia había sido el sello distintivo del atuendo aristocrático masculino (y, con el auge de la burguesía, de los que querían copiar los hábitos de la aristocracia). Pero a partir de la Regencia en Inglaterra, la magnificencia dio paso a un atuendo en extremo sobrio, generalmente de tonos oscuros, que se extendió rápidamente por Europa.

Por supuesto, ello también era un distintivo de clase. Se debían conocer los códigos para entender por qué un abrigo negro distinguía como aristócrata y uno diferente identificaba como comerciante. El distintivo sartorial del aristócrata pasó de ser exotérico —es decir, las sedas, pieles, joyas, etcétera, visibles para todos— a ser esotérico —es decir, visible solo para aquellos que conocen el secreto—. Actualmente, por supuesto, ocurre lo contrario, pues los ricos visten cada vez más informalmente, como si todo atisbo de magnificencia —siguiendo el argumento de Ruby— distanciara demasiado a la gente. Una versión extrema se halla en el ámbito de la tecnología, donde las camisetas y las zapatillas deportivas son virtualmente el uniforme (aunque los pantalones cortos *à la* Sam Bankman-Fried siguen siendo todavía una rareza, por fortuna) entre los multimillonarios. Pero la creciente tendencia entre los financieros de Wall Street de no llevar corbata, señal de por sí de la relajación general de los códigos de atuendo entre los ricos y la alta burguesía (incluida la clase política, sobre todo en Europa, que sigue su ejemplo), indica que los distintivos obvios de la vestimenta ya no son necesarios y, al igual que el interés por la alta cultura, resultan chocantes para demasiadas personas.

Hay otros orígenes de dicha informalidad, por supuesto, sobre todo en la manifestación del deseo cultural generalizado entre los adultos de no ser adultos, lo que conlleva, naturalmente, que sea difícil resistirse a vestir como un adolescente. El oropel nunca desaparecerá, por supuesto, pero, en todo caso, los ultrarricos como casta parecen menos interesados en él que, digamos, los futbolistas, los cantantes de pop y los abogados penalistas de alto nivel. En Nueva York, a veces puede parecer que los únicos hombres que se visten como los adultos de hace cincuenta años son los pastores negros y los detectives de homicidios. Pero me parece que la intuición de Ruby es más profunda: apoderarse del Estado exige no destacar entre la multitud, a fin de que la clientela no se asuste.

¿En qué situación deja esto a la cultura? Adviértase que la producción cultural en la que hay abundante dinero en juego —sobre todo en la pintura y la arquitectura— sigue atrayendo la atención de los ultrarricos. Pero si bien la producción cultural sin valor económico —sobre todo, como señala acertadamente Ruby, la literatura, a la que se podría añadir el teatro y la música clásica— sigue necesitando capital, estos caudales no provienen directamente de los ultrarricos, sino de fundaciones creadas con el dinero de generaciones previas de ultrarricos. Las personas que dirigen dichas instituciones filantrópicas no necesitan distinguirse de sus posibles competidores, pues no los tienen, salvo el propio Estado. En cambio, sí han de definirse como árbitros morales, por lo que resulta mucho más atractiva la financiación de las artes y la literatura con un propósito social que la de la escritura, la pintura y la escultura que no confieren más fácil acceso a la instancia moral suprema, e incluso pueden obstaculizar por completo el ingreso.

La alta cultura es difícil, exigente y, a menudo, perturbadora. Exige concentración absoluta en un mundo en el que esta constituye, junto con el silencio, el bien más escaso. En cambio, la cultura popular no cansa las neuronas, al tiempo que también se presenta como artefacto y medio en pos de la justicia social y la inclusión, por lo que además no pesa en la conciencia. Que esta devenga una versión kitsch —en el sentido dado por Milan Kundera de sentirse reconfortado al haberla consumido, una forma del alardeo moral que se manifiesta en el contexto del disfrute, la expiación o en ambos— no solo ya no preocupa a la mayoría de las personas, sino que ya ni siquiera es detectable para ellas. En una época en que la disidencia se mercantiliza, en que los jóvenes se ven influidos por un tipo particularmente extremo de idealismo subjetivo y en que el apocalipsis es *l'air du temps,* no podía ser de otra manera. Lo woke es tan atractivo para muchos porque es apocalíptico, pero no pesimista. Llamémoslo banalidad del antinomismo.

El concepto woke de la cultura no es distinto de su perspectiva de la sociedad: la única cultura moralmente lícita es la representativa, definida la representación, en buena medida, en términos demográficos y/o sociológicos, pero de ninguna manera en términos de clase. Un ejemplo próximo es el reciente anuncio de *The New York Times* sobre la creación de un conjunto de becas para diversificar las filas de los creadores de crucigramas. El anuncio especificaba que el objetivo era «proporcionar tutoría y apoyo a productores de colectivos infrarrepresentados, entre ellos las mujeres, las personas de color y la comunidad L.G.B.T.Q.». El anuncio continuaba diciendo que el *Times* pretende que sus crucigramas «capten la realidad de todos los estadounidenses, lo que supone el propósito de publicar composiciones que comprendan una amplia variedad de puntos de referencia culturales, usos de la lengua y comunidades».[1]

Pero incluso si se acepta una de las premisas básicas de lo woke y de la teoría crítica de la raza en la versión de Kendi-DiAngelo (que actualmente domina buena parte del ámbito académico y editorial y prácticamente todo el complejo académico-cultural-filantrópico, y según las cuales la cultura es representación y la representación es cultura), la falta de toda referencia a la clase sorprende y proporciona otro ejemplo (¡como si hiciera falta!) de la ocurrencia de Adolph Reed Jr., para quien el verdadero proyecto de lo

57

woke es diversificar a la clase dominante. Pero la DEI ofrece un simulacro de justicia, y con esto basta y sobra. Pues, en una época de alardeo moral, si las ilusiones no se apoyan en los hechos, peor para los hechos.

A estas alturas debería ser una obviedad para todos, salvo para los seguidores más cegatos de lo woke y el antirracismo al estilo de Kendi-DiAngelo, que el fantasma en el banquete de sus esperanzas milenarias es el fantasma de clase. Hay varias razones para ello, algunas palmarias, otras menos. Pero en su núcleo la explicación es muy sencilla: no solo es posible ser un antirracista *à la* Kendi-DiAngelo sin tener idea alguna o, de hecho, ambición de cambiar el sistema económico, si bien es en realidad casi un requisito. En ese sentido, los woke y antirracistas actuales son variaciones interpretativas de la célebre exhortación de José Vasconcelos: «Por mi raza hablará el espíritu».[1] Pues, en cuanto la clase es parte fundamental de la ecuación, la exigencia de «representación» ya no resulta tan inequívoca, y la cuestión de a quién se dirige el propio espíritu ya no resulta tan evidente.

Pero supongamos, como mera hipótesis, que la fórmula Kendi-DiAngelo fuera a convertirse en la norma y, en las clases profesionales y gerenciales, toda identidad se viese representada mediante demarcaciones demográficas más o menos rígidas: los blancos un porcentaje w de la población, los negros un x, las mujeres y, los trans z, etcétera. Ello no habría de ser difícil de concebir, puesto que, en buena medida, este empeño está ya bastante avanzado en el complejo académico-cultural-filantrópico. Supongamos además que las bibliotecas, las salas de conciertos, la industria editorial,

59

etcétera, fueran «reconfiguradas» para cumplir con lo que, a falta de una expresión más precisa, llamaré «deberes de representación equitativa». El resultado sería en efecto transformador, pero dejaría absolutamente intactas las estructuras económicas de la sociedad.

Una de las razones principales es que lo que los woke y sus simpatizantes definen como la «ocasión para un ajuste de cuentas racial en Occidente» no es ocasión, precisamente, de un ajuste de cuentas de *clase*. En todo caso es lo contrario. Se podría transformar radicalmente el perfil de las preferencias raciales, de género y sexuales de cualquier institución sin tocar siquiera la índole de su clase. En efecto, eso es justamente lo que ahora se está consumando, y el porqué, como he expuesto otras veces, de que la implantación corporativa de lo woke se haya puesto en marcha sin contratiempos. Robin DiAngelo se refiere *ad nauseam* en sus libros a la vergüenza que le suscita su privilegio blanco. Pero en la medida en que se refiere a la clase, la presenta como uno de los beneficios de la supremacía blanca, lo cual, en una época en que algunos colectivos de inmigrantes no blancos de Estados Unidos tienen un nivel de ingresos superior, resultados superiores en educación y salud, etcétera, comparados con los blancos, es, por ser compasivo, una imagen incompleta. Sin tener en cuenta la clase, el paradigma woke es como un alfabeto sin vocales.

A estas alturas, es ya un tópico señalar que el pensamiento progresista moderno pone el foco en las especificidades de la raza y el género mientras que es casi indiferente a las coincidencias de clase. Se acepta que el conocido aforismo de Du Bois, según el cual «el problema del siglo XX es el de la divisoria del color», se aplique con el mismo alcance en el siglo XXI. El evidente dilema de este argumento —cuyos defensores incluso reconocen a regañadientes— es que, si bien es posible argüir reiteradamente que, durante los siglos de hegemonía europea y, al cabo, de Estados Unidos, el racismo y el capitalismo son inseparables, el ascenso del noreste asiático —primero de Japón y Corea del Sur, pero en la actualidad sobre todo de China— parece hendir esa teoría de la inseparabilidad. Sin duda, no se puede insistir a la vez en que Estados Unidos decae relativa pero inexorablemente y que estamos en una era de multipolaridad política y capitalista —si no de un franco dominio chino dentro del sistema capitalista global— y, asimismo, en que el capitalismo y el supremacismo blanco son inseparables. Pero eso es justo lo que hacen los progresistas modernos, y con tanta fortuna que dicha opinión se ha vuelto ya consensual en el seno del complejo académico-cultural-filantrópico y en el creciente conjunto de la clase profesional y gerencial.

Se habría podido suponer que el hecho de que ni los chinos ni los surcoreanos ni los japoneses sean blancos hubiera podido sembrar al menos una duda en el verde prado de este consenso, pero los que insisten en que el capitalismo y el racismo son inseparables han permanecido en cambio impertérritos. Al contrario, el conocido periodista político y docente australiano Stan Grant escribió hace poco que «en el debate sobre el ascenso de [China como] nueva superpotencia predomina más de lo conveniente la geopolítica».[1] En realidad, sostiene Grant, «el meollo de todo ello está en la raza». Si Occidente tiene a China por una amenaza «al denominado "orden global fundado en normas"», esto es porque tal orden está «arraigado en una estructura fundada en la raza».

No estoy ni mucho menos convencido de que el argumento según el cual el supremacismo blanco y el capitalismo han sido históricamente inseparables sea tan concluyente como pintan sus partidarios. De lo que sí estoy convencido es de que se trata de un modelo moral, económico y político poco apto para entender el presente del capitalismo, y no digamos su futuro. Grant reitera que «la raza y el racismo conforman el ascenso de China» y afirma que Mao Tse-tung «se presentaba como el dirigente revolucionario del mundo no blanco». Aunque asumamos como mera hipótesis que Grant tiene razón, el hecho relevante, insisto, es que, pese a la continuidad de la hegemonía absoluta del Partido Comunista Chino, la China maoísta era anticapitalista, y en cambio la China de Xi es capitalista. En efecto, algunos creen que la versión china del capitalismo está demostrando su superioridad frente a la versión euroamericana. Por tomar prestada una imagen de Leonard Cohen, la realidad es que, en 2022, el supremacismo blanco parece cada vez más «un brillante artefacto del pasado [del capitalismo]».

Pero Grant y muchos otros que comparten su ideario en la anglosfera son incapaces de descartar el concepto de lo blanco como raíz de todos los males del mundo. Así pues, ¿cómo mantener a flote la doctrina de que el capitalismo en cualquiera de sus modalidades y el supremacismo blanco son indivisibles y permanentes? La única solución es la que se le ocurre a Grant: convierte lo blanco en sinónimo del poder, aunque la gente que lo ostente no sea blanca. El Partido Comunista Chino, escribe, incluso bajo Xi, «tiene una profunda conciencia racial», cuyo foco está centrado en la centenaria y absoluta humillación «a manos de potencias extranjeras, de potencias blancas». Pero, en este punto, Grant se ve obligado a conceder que sufrieron «esta humillación asimismo a manos de los japoneses». Ello no lo arredra. «Los propios japoneses —escribe—, no pueden separarse del proyecto de lo blanco». En efecto, también eran imperialistas, pero «su imperialismo reflejaba el de los colonizadores blancos».

No parece ocurrírsele a Grant que Japón, en todo caso, quería derrocar a los colonizadores y gobernar en su lugar. El imperialismo es un constructo del supremacismo, y por tanto ser una potencia imperialista es ser una potencia blanca, aunque de hecho, en fin, no se sea blanco. Y, dígase lo que se quiera de Grant, pero lleva su argumento hasta su lógica conclusión. La China de Xi habría podido representar el final de la blancura, pero, en cambio, se lamenta, «el Partido Comunista Chino refleja lo blanco». ¿Cómo puede ser? Pues bien, resulta que Xi es un nacionalista han, entregado a la idea de que «el poder chino se basa en la superioridad de la etnia han».

Es probable que Grant tenga razón al respecto. Pero en lugar de que esto lo inste a cuestionar su empeño en poner todas las modalidades del capitalismo —incluida la china—, y acaso todas las formas del poder, en el lecho de Procusto del supremacismo blanco, Grant se obstina e insiste en que la persecución de los han contra los que no lo son no es más que la persecución de los blancos contra los no blancos.

La impresión es de estar en un manicomio. Los han no son blancos pero de algún modo lo son. Pero, en el mundo de Grant —y con ello no está en modo alguno expresando una opinión marginal, sino que más bien se trata de una personalidad emblemática de una corriente de opinión muy extendida—, lo blanco es sinónimo de poder, punto. Así, para Grant, la tragedia de la China de Xi es que se ha convertido en aquello a lo que, desde su punto de vista, combatía: lo blanco, de lo cual afirma que «Xi Jinping es su paladín […], la continuidad del poder blanco en una piel más oscura».

Lo blanco es una metáfora, en suma. Semejante metaforización del entendimiento es la enfermedad intelectual, así como filosófica, más profunda que nos aflige, pues orilla a la cultura a rechazar el reconocimiento de toda diferencia entre lo metafórico y lo real.

El narcisismo y el provincianismo al servicio de la virtud siguen siendo narcisismo y provincianismo. Ello, más que las opiniones políticas específicas de los interesados, es el problema profundo del papel ideológico hegemónico que desempeña lo woke en la educación en Estados Unidos y en Canadá (y en alguna medida en Australia y Nueva Zelanda). Pues la asignatura principal pasa de ser lo que se estudia a quién lo estudia. En cuanto la educación se convierte en un proyecto sobre todo moral y político, se establece efectivamente una suerte de lecho de Procusto en el que debe encajar la propia asignatura.

El ataque en Estados Unidos a los colegios de élite que hasta ahora concedían la admisión casi exclusivamente sobre la base de exámenes competitivos es un excelente ejemplo de ello. El argumento es más bien sencillo: el alumnado de dichas instituciones nunca ha reflejado la composición étnica o racial de las comunidades en las que están insertas. Por lo tanto, debe de haber algo fundamentalmente erróneo en el proceso de admisión.

La retórica que a menudo suelen conllevar tales afirmaciones incluye tergiversaciones de la realidad demográfica que serían risibles si no fueran tan perjudiciales. La más importante de ellas es que estas escuelas de élite son bastiones de la supremacía blanca. Y, sin embargo, la realidad es que, si alguna vez fue así, estos colegios son bastiones del esfuerzo asiaticoamericano, al extremo de que los estudiantes de ese origen son casi siempre mayoría en los colegios de élite de las ciudades y a menudo también en los de las afueras.

Pero si lo que se espera de la escolarización es el fomento del proyecto «antirracista» al estilo de Kendi-DiAngelo y lo woke —es decir, si lo central es el imperativo moral de alcanzar la diversidad, la equidad y la inclusión—, entonces, lo que tradicionalmente se ha esperado de la educación —enseñar a la gente cosas que todavía no sabe— podrá seguir siendo importante, pero ya no puede considerarse la prioridad.

Sin duda, no es así como describen el proyecto sus proselitistas. Inventan, en cambio, maneras cada vez más creativas de ocultar el hecho de que lo exigido es que la representación demográfica se considere más importante que el mantenimiento de los estándares plasmados en los resultados de los exámenes. La «excelencia inclusiva» es el eufemismo operativo.

Sin embargo, la excelencia casi nunca es, por supuesto, inclusiva. Por eso se denomina «excelencia». Y eso es justo lo que se cuestiona actualmente. Y para hacerlo con éxito es preciso cambiar la naturaleza de la escolarización, y que se pase de impartir asignaturas a los jóvenes a afirmar (otro eufemismo: lo que se quiere decir es «celebrar») sus identidades y experiencias, es decir, que la enseñanza sea terapéutica y politizada. Y así, de nueva cuenta, la celebración posprotestante del yo se convierte en algo primordial.

La educación es ahora como una alegoría teatral, en la que se oculta el hecho de que asignaturas como las matemáticas o la física son en realidad muy arduas y lo más importante es el proyecto ético en que, en efecto, todos son capaces de participar. Planteadas así las cosas, hacer algo distinto es excluir, marginar, rechazar; en suma, defender la injusticia.

En nombre de la ética se pierde la complejidad ética. En nombre de la representación, el talento se vuelve instrumento de opresión, salvo que todos los enaltecidos tengan talento, lo cual, insisto, es una contradicción. Pero ese es actualmente el planteamiento de la ortodoxia.

La crisis consiste precisamente en el hecho de que lo viejo muere y lo nuevo no puede nacer: en este interregno se verifican los fenómenos morbosos más variados.

GRAMSCI[1]

Si queremos que todo siga como está, es preciso que todo cambie.

LAMPEDUSA[2]

Las célebres citas del gran pensador marxista y del gran novelista italiano compendian los dos modos muy distintos en que los críticos de lo woke y del «antirracismo» Kendi-DiAngelo examinan las razones subyacentes de su éxito. La cita de Gramsci sin duda seducirá a las voces contrarias a lo woke desde la izquierda. Con ello me refiero a las personas que, en efecto, sostienen que el orden actual debe ser derrocado, pero rechazan el absolutismo moral de lo woke, su desdén por la política de clases y por la formación de coaliciones con colectivos con los que tendrá desacuerdos fundamentales, como los grupos de mujeres homosexuales —por citar un ejemplo flagrante— que no están dispuestas a aceptar todas las premisas de lo trans y la balcanización de identidades seguida de la exigencia de que cada cual se vea representada e incluida. Piénsese en la primera bandera arcoíris LGBT y en cómo actualmente ostenta tantas franjas que recuerda a la infinidad de cuartelados de las cimeras de la familia aristocrática de los Habsburgo en las sucesivas ediciones del *Almanaque de Gotha*.

Debería ser evidente que la cita de Gramsci puede resultar poco seductora para los liberales. Para la mayoría de ellos el liberalismo no está en absoluto agonizando a pesar de todo, sino que está siendo atroz y detestablemente asediado tanto por la derecha como por la izquierda; o bien consideran que, si hoy corre el riesgo de ser arrojado al basurero de la ideología, es por heridas que se ha infligido a sí mismo, a causa de una injustificada crisis de confianza, de la vacilación del aplomo. Por lo tanto, debe dejar de pedir disculpas y empezar a revitalizarse, a fin de convertirse en lo que fue durante buena parte de la Guerra Fría, una «fe combativa», como dijo Arthur Schlesinger Jr. Y es aún más evidente que el apotegma de Gramsci no puede ejercer atractivo alguno para la derecha, a pesar de que tal vez se haga eco de la idea de lo woke como un «síntoma mórbido», pues busca la restauración, no la revolución.

Pero para quienes creemos que lo woke, al margen de lo que pensemos de ello —si bien en ningún sentido es una ideología plena por su inoperancia para abordar seria y sostenidamente la clase o la economía—, presenta el conjunto de ideas morales y culturales más poderoso y convincente en Occidente al menos desde el desencanto con el comunismo, producido primero por el hundimiento de la URSS y después por la transformación de China en el estado capitalista autoritario de Deng Xiaoping, estas incitaciones al rearme moral del liberalismo no son más que ponerle buena cara al mal tiempo. Pues lo cierto es que la botarga de ideas morales y culturales con que se viste lo woke es hoy tan influyente entre los jóvenes de clase media y, sobre todo, de clase media alta, e incluso entre muchos integrantes mayores de las clases empresariales, que el capitalismo no podía haberla ignorado, aunque no sea más que porque dichos jóvenes continúan acudiendo en tropel a Wall Street, al derecho corporativo y a otras profesiones de elevados ingresos, en un número no menor al de las precedentes generaciones ajenas a lo woke, y que, si bien no se trate más que de un estilo cultural, pocos de estos jóvenes se libran de verse influidos al menos por una o dos cepas de lo woke. Los liberales, por supuesto, perciben lo woke como una amenaza, y con razón. Pero suponer que las corporaciones deberían adoptar una perspectiva idéntica es una mera ilusión.

La confusión de los liberales al respecto es comprensible, pues en los campus universitarios, en las galerías de arte y museos, en el mundo literario y, por supuesto, en las grandes instituciones filantrópicas como Ford y Mellon, el ruido y el entorno político y cultural es fervorosamente anticapitalista. Se opina que el capitalismo es inseparable del racismo (y, como es habitual, casi nunca se considera la específica historia capitalista de Asia, por no hablar de su futuro capitalista, que probablemente sea mucho más brillante que el de Occidente). Y una profesora del Departamento de Geografía de la Universidad de Oxford se jacta de ejercer una «erudición desobediente» en la institución que llama «el vientre de la bestia»[3] (que es solo una de las incontables repeticiones de la misma opinión en el ámbito académico, las cuales varían muy poco en tono o convicción latente). En sentido más amplio, en el seno de lo que denomino «el complejo académico-cultural-filantrópico», tanto la educación como la cultura se tienen por instrumentos de transformación social, y todo lo que no alcance esos objetivos es una atrocidad moral.

Ante todo ello, por parafrasear «Street Fighting Man» de los Rolling Stones, ¿qué puede hacer una pobre clase capitalista sino tocar en una banda de *rock and roll*, es decir, apropiarse de este radicalismo? Es justo lo que se ha conseguido con personas destacadas, como cuando el supuesto intransigente Ta-Nehisi Coates fue contratado por Warner Brothers para escribir el guion de la siguiente película de Superman; o con el acuerdo, ya cancelado, que Netflix alcanzó con Ibram X. Kendi para producir una serie basada en el libro infantil de este, *Antiracist Baby*. Se puede lograr de manera sistemática, en buena medida mediante la adopción de códigos de lenguaje woke, sobre todo del llamado lenguaje «inclusivo», como hizo la mayor parte de Silicon Valley, y la insistencia en que el personal asista a talleres y retiros sobre diversidad, equidad e inclusión, lo que es cada vez más la regla, en lugar de la excepción, en las empresas de Estados Unidos, Canadá y el Reino Unido.

Y esa cooptación ha alcanzado un éxito abrumador. Un anuncio de contratación reciente de la CIA presenta a un agente refiriéndose a la interseccionalidad, lo que no difiere mucho de los anuncios woke que corporaciones como Nike, al buscar atraer a los jóvenes, llevan publicando desde hace algún tiempo. Kendi podrá seguir diciendo que es anticapitalista, pero aceptar una oferta de Netflix es un modo extraño de indicarlo. Perdónese el sarcasmo, por supuesto: en los campus, lo woke podrá seguir afirmando su radicalismo, y la versión vulgarizada y distorsionada (léase kendiíta) de la teoría crítica de la raza, que allí es la moneda corriente intelectual, podrá seguir circulando (estamos muy lejos de la TRC de Randall Kennedy, como él mismo ha señalado a menudo). Pero, en el mundo exterior, estas ideas pretendidamente «desobedientes», por citar a mi geógrafa de Oxford, están siendo disciplinadas de manera muy suave, pero también inexorable.

La gente de derechas lo sabe, por supuesto, y se refiere con vehemencia a su propósito de derrotar al capitalismo woke. Pero lo que no han entendido es que la domesticación de lo woke es una tarea mucho más importante de las corporaciones, para las que esta nueva generación del empresariado es vista, con razón, como el futuro de Estados Unidos. ¿Podrán las corporaciones «imponer la ley», como siguen exigiendo los activistas conservadores? Quizá. Sin embargo, ¿por qué habrían de hacerlo? Adaptarse a la mudanza de los tiempos, reescribir las reglas del juego, doblarse en la tormenta como un sauce en lugar de romperse como un roble: en ello estriba la supremacía del capitalismo. En una época racista, era racista; en una época woke, será woke. Siempre que, claro está, no se vea afectada la cuenta de resultados. Y esto no ha ocurrido. Por ello la cita de Lampedusa presenta una descripción mucho más convincente del momento actual que la de Gramsci. «Si queremos que las cosas sigan como están, tendrán que cambiar», dice el príncipe Tancredi, el personaje principal de la obra maestra de Lampedusa, *El Gatopardo*. Y eso es justamente lo que está ocurriendo ahora.

Para el capitalismo, la política de la expiación —que es al cabo el meollo del progresismo identitario— ha resultado ser apenas más que una versión posmoderna de las indulgencias vendidas por la Iglesia del medievo, el emoliente moral necesario para una academia neoliberal (y, por extensión, para sus dependencias en la cultura y sus patrocinadores en la filantropía) intrínsecamente despiadada, codiciosa e inmoral, como lo fue la venta de indulgencias para una institución católica medieval despiadada, codiciosa e intrínsecamente inmoral. Por ello, quienes califican a los burócratas de la DEI de «estafadores» se equivocan. Porque tildar a alguien de «estafador» implica que está cometiendo un fraude, y en este contexto no hay ninguno. Al contrario, la ideología de la DEI presta el servicio esencial de conferir legitimidad moral a un sistema capitalista en Occidente que, tras la decadencia del cristianismo y el vaciamiento del Estado nación, la precisaba con urgencia. Para variar las analogías históricas, lo woke es el pueblo Potemkin, y la universidad neoliberal, la realidad estalinista. Por esto, en nuestra era, el neoliberalismo no puede prescindir de lo woke.

Prueba A

La Asociación Médica Estadounidense (AMA) publicó hace poco tiempo un documento titulado «La promoción de la equidad sanitaria: guía de expresiones, relatos y conceptos». A primera vista, cabría suponer que fue redactado por estudiantes revolucionarios de posgrado en algún departamento universitario de literatura inglesa. «Se nos insta sin cesar —entona, casi religiosamente (como suele hacer la retórica wokista y antirracista de Ibram X. Kendi-Robin DiAngelo)— a mejorar, mientras dirigimos nuestro esfuerzo en pos de la justicia, la equidad y la liberación raciales».[1]

Nunca podría sospecharse que, para la AMA, esta liberación excluye tajantemente una reforma profunda del sistema de pago en los hospitales que arruina diariamente a incontables familias estadounidenses o, de hecho, excluye *toda* reforma que amenace con afectar al bolsillo de sus miembros.

Prueba B

El Kaiser Permanente Health System, la mayor organización de asistencia médica de Estados Unidos, con más de trescientos mil empleados, convocó hace poco tiempo unos cursos antirracistas de tendencia Kendi para sus trabajadores californianos, con el título de «La prestación de servicios culturales y lingüísticamente idóneos en California». En parte se sigue el modelo woke-Kendi-DiAngelo, aunque en un pasaje curioso, se advierte a los participantes de los prejuicios inconscientes y los estereotipos que podrían llevarlos a *contratar* a estadounidenses de origen asiático en los departamentos financieros de la organización, a causa del tópico que los lleva a suponer que son buenos en matemáticas. Se deja al margen la cuestión de si lo anterior supone que los candidatos estadounidenses de origen asiático han de ser rechazados o evaluados con mayor severidad, a fin de restringir así su acceso a dichos puestos (lo que les ocurre habitualmente, aunque casi siempre de manera informal, cuando solicitan plaza en las universidades de élite).

Nadie sospecharía que Kaiser impone a todos los que contratan sus planes de salud la condición de que, en caso de conflicto entre el titular del plan y la empresa, el titular renuncia a su derecho a acudir a los tribunales para solicitar una indemnización y deberá someterse a un arbitraje vinculante (privado), cuyas reglas básicas ya ha establecido Kaiser. En cuanto a sus empleados, pues bien, hace poco el Centro Médico Kaiser Permanente de Antioch regaló a sus enfermeras «una "piedra del ánimo" en reconocimiento por la Semana de las Enfermeras». «Guarde la piedra o désela a un amigo o amiga», reza el folleto que acompaña a este «regalo» para el personal de enfermería, «como recordatorio de que su trabajo LUCE [*ROCKS*]».[2] (En mayúsculas en el folleto original).

Sigue siendo una pregunta abierta si lo woke fue alguna vez la doctrina emancipadora que tantos de sus seguidores en los campus universitarios proclaman. Lo indiscutible, sin embargo, es que ha dejado de serlo, y es ahora el centro de lo que uno de sus críticos más severos, Adolph Reed Jr. —al igual que muchos de los adversarios más acérrimos de lo woke, proveniente de la extrema izquierda—, ha llamado el proyecto de «diversificación de la clase dominante».[3] Cabría añadir que, en una época en la que el liberalismo parece enteramente agotado (y en mi opinión es irrecuperable, pero, en fin, yo no soy un liberal), en una época de ansiedad y pánico moral y material generalizado, sobre todo por el cambio climático, lo woke, Kendi y DiAngelo están ofreciendo, cada vez más, acreditaciones morales al *statu quo*. Eso mismo, me parece, y no la flaqueza de la voluntad que la derecha estadounidense sigue señalando, es la clave de la fortuna del movimiento. En suma, nominalismo emancipador y mascotas de piedra: una pareja perfecta para el comienzo del siglo XXI.

La célebre receta de Brecht, «primero la manduca, luego la moral», simplemente no operaría en el complejo académico-cultural-filantrópico actual. En efecto, en ese ámbito también la retórica es a menudo anticapitalista, pero se basa en una praxis diametralmente opuesta a la de Brecht: «primero la moral, luego la manduca». De ahí su nihilismo patológico, por el que se dedica más energía a renombrar edificios en los campus y a quitar monumentos que a abogar por préstamos a las pequeñas empresas, el mejoramiento del transporte público o el aumento de la atención sanitaria. No sostengo, para dejarlo claro, que al wokismo no le importen las cuestiones materiales, sino que no les dedica ni una décima parte de la energía que ofrenda a la política simbólica.

Y esas políticas simbólicas son una mezcolanza incluso bajo sus propias condiciones. Parece algo del todo favorable retirar las estatuas que conmemoran la Confederación, aunque me parezca que los iconoclastas de lo woke ya han comenzado con exigencias que harán más mal que bien, como reclamar la retirada de los monumentos de Washington y Lincoln. Por otro lado, el llamado «reconocimiento territorial», que consiste en que los organizadores y oradores *reconozcan*, antes de un acto público, que este se desarrolla en tierras despojadas a los pueblos indígenas, roza lo ridículo. Lo cual no se debe a que la historia del saqueo no sea cierta, que lo es, evidentemente, sino a que los emisores de tales «reconocimientos» no tienen la menor intención de restituir la tierra a sus habitantes originarios. En la industria cultural (la Academia de Música de Brooklyn —BAM— en la ciudad de Nueva York, donde resido, es un ejemplo de ello), los reconocimientos territoriales se han vuelto la norma, pero ello no supone que las propias instituciones culturales y académicas no sigan intentando recaudar ingentes sumas de dinero para la construcción y otros aumentos de capital. Ya cabe esperar el momento —¡sin duda no demorará mucho!— en que los mismos agentes inmobiliarios que venden propiedades en barrios urbanos donde prevalece un consenso cultural woke abran sus argumentos de venta con reconocimientos territoriales. Un bonito apartamento cooperativo y un poco de expiación moral primero: ¿qué podría compendiar mejor los hábitos culturales y materiales de las clases dirigentes empresariales de la época, al menos en Estados Unidos, Canadá, Reino Unido y Australia (así como cada vez más en Chile y Argentina)?

En efecto, sostener incluso que en el actual clima cultural y moral la cita de Brecht se ha invertido, a fin de poner esta primero y la manduca después, puede parecer excesivo. «Primero la moral, luego más moral», o incluso «La moral *es* la manduca», probablemente se avenga más a la realidad.

«No hay documento de cultura que no lo sea, al tiempo, de barbarie», escribió Walter Benjamin. Se trata, me parece, de una afirmación de hecho y no de una interpretación, aunque podríamos añadir que es infrecuente que las sociedades mantengan ambos aspectos de la idea de Benjamin en su conciencia colectiva al mismo tiempo. Más bien las sociedades tienden a bascular entre centrarse en la civilización y centrarse en la barbarie. Eso es justamente lo ocurrido en la anglosfera y en partes de América Latina (no puedo hablar con seguridad de otras regiones), y al parecer en un abrir y cerrar de ojos. Pero entonces, como dice el aforismo: «Hay décadas en las que nada pasa; y hay semanas en las que pasan décadas». La agitación popular que sacudió Estados Unidos en el verano siguiente al asesinato de George Floyd —el término «insurrección» me sigue pareciendo excesivo, pero, sin duda, se dieron elementos insurreccionales en lo sucedido— fue un caso de esas raras semanas evocadas por Lenin. Las ideas que hasta entonces habían parecido más o menos débiles, de repente parecieron fuertes, por no decir *irresistibles*, mientras que el orden establecido, al menos el orden simbólico representado por el lenguaje, por los monumentos, por los festivales, entre otros (el Día de Acción de Gracias y el Día de Colón en Estados Unidos, por ejemplo), parecieron haber pasado su fecha de caducidad moral e ideológica.

Parece simplemente inimaginable, por citar dos casos latinoamericanos, que las estatuas de los conquistadores españoles que sometieron Chile y que fueron derribadas durante el llamado «estallido social» que sacudió al país entre octubre de 2019 y marzo de 2020 vuelvan a ser colocadas en su pedestal, al igual que no se revertirá la sustitución de la estatua de Colón en el corazón de Ciudad de México por la de una mujer indígena. El hecho de que estas «reescrituras» radicales del pasado de Chile, México o Estados Unidos destruyan el orden simbólico establecido, pero dejen el económico indemne —y en algunos casos incluso lo apuntalen, como argüiría que ha sucedido con la adopción por parte de las empresas estadounidenses de un woke popularizado—, es un asunto distinto, aunque crucial en el contexto más amplio sobre el rumbo del capitalismo.

Pero si bien categóricamente *no* nos hallamos en el umbral de una era en la que los últimos serán realmente los primeros y los primeros los últimos —al contrario, los primeros nunca lo han tenido tan fácil—, los artefactos del pasado occidental que durante largo tiempo se presentaron como ejemplos de las máximas expresiones de la civilización se ven, en la actualidad, como una creciente glorificación de la barbarie en su más baja expresión. Lo cual, presuntamente, era lo que Arthur Miller tenía en mente cuando escribió que «una era se puede dar por concluida cuando sus ilusiones cardinales se han agotado»,[1] y al parecer hemos alcanzado ese punto. Al igual que durante el despegue, cuando el avión alcanza tal velocidad que es imposible abortar el vuelo. La dificultad estriba en que las «ilusiones sucesorias» parecen sumamente exiguas. Por alguna razón, algo me lleva de nuevo a las citas de Lenin: «El comunismo es el poder de los soviets más la electrificación de todo el país».[2] El problema de lo woke y del «antirracismo» es que, si bien tienen muchas ideas sobre el poder, no tienen ni una sobre la electrificación. Y su disparate utópico es creer de alguna manera que esto no importa.

Dudo mucho que el propósito de quienes han defendido, y en buena medida logrado, que se volviera preceptiva la transformación identitaria/woke/teoría crítica de la raza del complejo académico-cultural-filantrópico sea privar a los países del norte global, y sobre todo a la anglosfera, de su capacidad de conservar los anticuerpos destinados al dominio absoluto del capitalismo de consumo. Sin embargo, fuera cual fuere el propósito original, es probable que este sea el efecto más profundo y duradero de la transformación. Los críticos de derechas han tildado de educación «wokizada» e identitaria al sistema que un crítico francés llamó «la fábrica de cretinos». Pero, si bien la cultura popular es el último clavo que los identitarios necesitan, en nombre de la equidad, para deshacerse de una vez por todas de la alta cultura (solo despachando a la degradada civilización occidental vigente se puede allanar el camino de una nueva alta cultura que será creada, estoy casi convencido de ello, en el noreste de Asia y la India), en realidad no se están fabricando cretinos, sino más bien nuevas generaciones cuyo sello psíquico distintivo es el de una fragilidad iracunda, y cuyo equilibrio depende de unas burocracias —sobre todo las de la salud, la educación y la cultura— que afianzan esa fragilidad, que se alienta y a la vez se disciplina. Vivimos en una época en que la personas afirman rutinaria e incluso ritualmente sentirse inseguras, cuando en realidad lo que sienten es una ofensa, y que su salud psicológica y

79

física se pone literalmente en peligro si se ven expuestas a algo perturbador, trátese incluso de un libro o una película, cuando, de hecho, lo que sienten es incomodidad. Por eso lo woke es, en el fondo, una expresión de hipocondría moral y social.

Descartar el movimiento woke como mera actividad de feriantes es una simpleza. ¿Hay mercachifles en lo woke? Por supuesto: los nombres de los sospechosos habituales me vienen a mientes casi sin pensarlo. Pero la indignación causada por lo woke y la frustración provocada por su fortuna son malas guías para entenderlo. Todo movimiento tiene sus mercachifles, y no estoy en absoluto convencido de que lo woke cuente con más de ellos que otros. Resultan mucho más interesantes sus propios delirios. Pues creen sincera y apasionadamente que están redimiendo la cultura y las humanidades, y también cada vez más los campos de la ciencia, la tecnología, la ingeniería y las matemáticas, tanto ética como intelectualmente. Aunque sean incapaces de advertir que, en realidad, son el estertor de las humanidades. Esto no obedece a que los proponentes de lo woke, como a muchos de sus críticos les gusta imaginar, sean los verdugos de las humanidades. Más bien obedece a que en un mundo en el que las universidades se han convertido o se están convirtiendo en escuelas de oficios y el pasado solo se considera de interés en la medida de su presente relevancia, lo woke desempeña un papel, en extremo importante —si bien, para ser justos, en buena medida involuntario—, de proveedor del lubricante ético que propicia dicha transición.

La idealización de la relevancia es lo que subyace a la victoriosa idea de que lo más importante que el arte y la cultura pueden alcanzar es la representación equitativa de las comunidades, en lugar de inspirar algo que trascienda tanto a estas como a los individuos. En la práctica, y en el seno del mundo subvencionado del complejo académico-cultural-filantrópico, ello explica por qué la *relevancia*, por motivos morales y éticos, se valora cada vez más que la *excelencia*. Valga como declaración representativa de este punto de vista la del subdirector general de Arte y Cultura del Consejo para las Artes de Inglaterra, Simon Mellor, que afirmó categóricamente que «la relevancia, y no la excelencia, será el nuevo requisito a baremar para toda financiación».[1] Una opinión secundada por la directora de música del mismo consejo, Claire Mera-Nelson, que subrayó que «a veces es más importante pensar en la oportunidad que presenta un público que en priorizar siempre la calidad de la plataforma».[2]

El problema no estriba en que lo que atrae a la masa siempre sea basura y, en cambio, lo que solo atrae a un puñado siempre sea bueno. Afirmarlo sería mero esnobismo, y demasiadas críticas a lo woke son justamente eso: esnobismo. Pero lo cierto es que la comprensión de determinados tipos de arte, al igual que la dedicación a determinadas disciplinas espirituales —la meditación zen es un buen ejemplo— o, por supuesto, el empeño en alcanzar la excelencia atlética, son cosas muy difíciles, que requieren mucho tiempo, esfuerzo y entrega. Un viejo chiste budista cuenta cómo un discípulo acude al *roshi* y le pregunta: «Maestro, ¿cuánto tardaré en alcanzar la iluminación?». El maestro piensa y, luego, responde: «Diez años». Atónito, el alumno clama: «¿Diez años?». A lo que el *roshi* responde: «Veinte años».

La tragedia de lo woke para esta civilización moribunda es que, en un sentido importante, ofrece a la cultura comercial la legitimación moral de su mediocridad. Es evidente que al público que no tiene experiencia o no está familiarizado con la ópera barroca, el bunraku o los dramaturgos clásicos en sánscrito le es muy dificultoso apreciarlos, y en cambio la música pop o las *jams* poéticas son completa e inmediatamente accesibles. El problema radica en que dichas formas populares no necesitan subvenciones, pero la cultura más elevada sí las necesita, como siempre ha ocurrido, ya sea en la China de los Tang o en la Florencia de los Medici, si se pretende que perduren. Pero la cultura comercial no ve sentido alguno en su mantenimiento y ahora, con lo woke, puede justificar su indiferencia en nombre de la diversidad, la equidad y la inclusión.

El obstáculo para los woke, al menos en el ámbito universitario, pero quizá también en el de la cultura en general, es que, al imponer su Purga del Orgullo a la cultura occidental, están en efecto firmando, también, su propia sentencia de muerte. Basta, para entenderlo, observar la decadencia del estudio de las artes y las humanidades en las universidades estadounidenses, canadienses y británicas. No solo se están cerrando muchas facultades, sino que la mayoría de las que subsisten (al menos por ahora) —incluso en las universidades de élite— se ven obligadas a explotar sin miramientos al personal subalterno, la mayoría de cuyos componentes ya se asemeja a los artesanos ambulantes del siglo XVI, viviendo al día y sin un gremio que los proteja. Por ello, naturalmente, tantos jóvenes profesores y asistentes sin titularidad intentan evitar la función que les imponen como una suerte de lumpenprofesorado y procuran sindicarse.

Solo cabe desearles suerte. Y en cuanto a las artes y las humanidades, la conclusión inevitable es que, dentro de un decenio, la lucha en dichas facultades no se entablará por su reconfiguración al arbitrio de los woke, sino por su misma existencia. Sin embargo, los woke tienen la mirada puesta en un futuro radiante. Creen que la cultura comercial es su aliada, cuando en realidad es su verdugo. Confundidos, son como la rana de la vieja fábula. Una rana y un escorpión se encuentran en un arroyo, y el escorpión le pide a la rana que lo lleve al otro lado. Al principio la rana se niega: «Me picarás y moriré». Pero el escorpión la tranquiliza y le responde: «No te voy a picar. ¿Cómo podría? Si lo hiciera, nos ahogaríamos los dos». Aliviada, la rana acepta. El escorpión sube a su lomo y se disponen a cruzar el arroyo. A mitad del trayecto, el escorpión pica a la rana. Mientras ambos se ahogan, la rana reclama: «Pero ¿por qué?». A lo que el escorpión responde: «Es que soy un escorpión».

Es probable que los woke descubran, más pronto que tarde, que ellos mismos son la rana y la cultura comercial el escorpión, si bien se trata, de hecho, de un escorpión que sabe nadar muy bien.

Uno de los aspectos más sorprendentes del reciente libro de Robin DiAngelo, *Nice Racism: How Progressive White People Perpetuate Racial Harm* [«Racismo amable: Cómo los progresistas blancos perpetúan el daño racial»], es el grado en que se inscribe en la gran tradición estadounidense de libros de superación personal. En Alcohólicos Anónimos (AA), por ejemplo, la denominada «llamada de los doce pasos» consiste en la visita a un alcohólico que requiere ayuda, para conversar con él o ella sobre el programa de AA. Asimismo, los padrinos de AA ejercen la constante responsabilidad de asistir al recién llegado en su adaptación a una vida sin alcohol. La versión de DiAngelo de lo anterior es un «compañero responsable», a quien define como «una persona de color con la que usted ha establecido una relación de confianza y que ha accedido a prepararlo, a examinar los retos, a reflexionar con usted y cuestionarlo sobre temas de racismo».[1] Es evidente que hay distinciones: el compañero de DiAngelo es alguien de color, no un racista blanco reformado, pero AA y el «antirracismo» estilo Kendi-DiAngelo comparten un planteamiento fundamental, a saber, que el afectado (sea por el alcoholismo o la supremacía blanca) precisa de un preparador que lo asista en su viaje a la tierra prometida de la sobriedad o del antirracismo que se empeña en alcanzar.

Los estadounidenses siempre han creído en la transformación personal, al alcance de todo aquel que tenga la constancia y firmeza

85

suficientes para lograrla. Pero los estadounidenses también son proclives a creer que necesitan preparadores, ya sean físicos o espirituales, para facilitar dicha transformación, así como entornos estructurados (talleres, sesiones de terapia de grupo, entrenadores personales, etcétera.) donde han de ejecutarse los esfuerzos. En su empeño por sentenciar la supremacía blanca, la receta de Kendi-DiAngelo para aprender a ser antirracista y, al cabo, convertirse también en aliado de la gente de color se inscribe por entero en la prevaleciente tradición de la superación personal estadounidense. Me parece que en ello estriba una de las razones cardinales de su éxito, aunada a la disposición con la que las empresas del país la han acogido. DiAngelo está obsesionada con sus privilegios raciales, pero sus privilegios de clase no la distraen mucho, y por ello precisamente sus ideas pueden prevalecer con tanta fortuna. Tengo sobradas dudas de que esto hubiera sido posible, por ejemplo, de haber ejercido su ya considerable celebridad e influencia en apoyo a los esfuerzos de sindicalización de los trabajadores de Amazon en Estados Unidos, o contra las crueldades de la economía de pequeños encargos.

Jeffrey Aaron Snyder, en su brillante demolición de *Nice Racism*, publicada recientemente en su bitácora, destaca un episodio que DiAngelo relata en el libro, en el que deplora el hecho de que ni siquiera ella misma puede mantener la vergüenza racial tanto como cree que sería de suyo. Como ejemplo de ello, plantea lo siguiente:

> Quizá de camino a una tienda de Whole Foods debo pasar junto a un indígena, aparentemente un sintecho, recostado en la acera. Lo veo desde el comienzo de la manzana y, al instante, soy ultraconsciente de nuestra situación racial. Mi blancura de pronto parece «estridente», y «sé» que él sabe que soy una impostora amnésica y una hipócrita, que mi privilegio y comodidad, mi acceso a los recursos, dependen de su situación respecto de la mía, dependen de su opresión.[2]

El párrafo es fácil diana de toda suerte de críticas, y Snyder lanza lo que mi difunto amigo Christopher Hitchens llamó una vez «el cabal cumplimento de pie, caballo y arma» contra DiAngelo. Pero lo que me pareció de sumo interés del pasaje fue su disposición: DiAngelo escribe que se dirigía a Whole Foods al toparse con el indigente indígena. El comercio es, sin duda, la cadena de supermercados de lujo por excelencia, y reparo en que DiAngelo compra allí por idénticos motivos a los míos. Pero la cuestión con Whole Foods (a la que sus propios clientes suelen referirse como «Whole Paycheck», el sueldo entero) es que casi ningún estadounidense, contando a la mayoría de los estadounidenses blancos, puede permitirse adquirir nada en sus establecimientos.

Y si bien la indignación —incluida la indignación contra ella misma, una de sus típicas maniobras retóricas— se aferra a la prosa de DiAngelo como unas limaduras de hierro a un imán, Whole Foods queda enteramente eximida. Ni siquiera parece percatarse de que podría entrañar un conflicto ético. Pero en ese aspecto DiAngelo goza de buena compañía, pues muchos de los colegios privados más importantes y prósperos de Estados Unidos (desde el Collegiate, en Nueva York, hasta Sidwell Friends, en Washington D. C., pasando por Westlake, en Los Ángeles) se han declarado actualmente instituciones antirracistas. Son asimismo instituciones inmensamente acaudaladas que, sin embargo, cobran matrículas tan exorbitantes que solo se las puede permitir a lo sumo un 10 por ciento de los padres estadounidenses (y el porcentaje bien puede ser mucho menor). El farisaísmo no puede ser más deleitoso.

El conformismo prevaleciente en el complejo académico-cultural-filantrópico es el inconformismo. Dado que se trata de una contradicción —y hasta los llamados «inconformistas» de nuestros días deben darse cuenta de ello en sus fueros más internos—, la única manera de mantener la farsa es convertirla en un arma, mediante códigos del discurso y un lenguaje censurado, a fin de que las palabras necesarias para expresar los hechos más meridianamente claros en la materia se hallen fuera de nuestro alcance.

ChatGPT, mediante su bien documentada negativa a permitir lo desagradable o perturbador, ofrece un atisbo del orden futuro de este mundo de inconformismo espurio, de burócratas que se creen Espartaco.

Imagínese, a modo de ejercicio contrafactual, que el trauma no fuera el epicentro tanto de la política woke como de la «antirracista». Si así fuese, la moral cedería el protagonismo a lo material y los desaires psíquicos que tanto abruman a los cautivados por la política identitaria se verían oscurecidos por las macroagresiones de clase. En esas circunstancias, uno de los tropos retóricos más comunes del mundo identitario —la persona de color que afirma estar «cansada»— sería tenido por jactancia moral. ¿Cansado en comparación con un asistente sanitario a domicilio, alguien en un albergue de indigentes, el obrero de una fábrica? La insinuación sería ridícula o, yendo más al grano, moralmente indefendible. La militancia identitaria puede seguir siendo el foco de atención solo si se desatiende lo material y, aún más importante, si se posibilita que la sociedad en general lo desatienda también.

Abundan los ejemplos. Cuando la Asociación de Estudiantes Negros de Derecho de Georgetown exigió que Ilya Shapiro, profesor de la facultad, fuera cesado por haberse enfrentado a la decisión del presidente Biden de examinar solo la candidatura de juristas negras para sustituir al juez del Tribunal Supremo de Estados Unidos Stephen Breyer, que se jubilaba, adujeron el daño moral que les había causado la exposición a ese lenguaje. Estaban al límite, declararon los alumnos, agotados por las agresiones sufridas. Un estudiante incluso exigió un «espacio seguro» para que todos lloraran. Y si bien parece muy poco probable que Georgetown se someta a la exigencia de despedir al profesor Shapiro, la controversia fue, con creces, la más relevante y la que exigió más tiempo, tanto para los propios alumnos como para las autoridades universitarias, de las ocurridas en el año.

Pero lo contrafactual entra en juego si miramos a Washington D. C. (donde se ubica Georgetown) y nos preguntamos si —incluso admitiendo que el aserto sobre el daño psicológico a los estudiantes es incuestionable—, de todos los daños padecidos por los negros en Washington D. C. en el curso académico 2021-2022, este es el más grave. Incluso los propios alumnos podrían reconocer que la respuesta es «no»; en efecto, podrían insistir airadamente en sentido negativo. Sin embargo, los comentarios presuntamente racistas del profesor Shapiro fueron el motivo de su movilización, no las condiciones de los negros menesterosos, ni la falta de vivienda, etcétera.

Sin duda, los jóvenes viven ensimismados, por no decir algo peor. Pero esto no parece estar en la raíz del contraste entre la disposición a dedicar ingentes esfuerzos a la protesta por el daño psicológico y la innegable mucho menor disposición a protestar por el daño material. Más bien, lo que ha sucedido es que la cultura terapéutica —ya politizada como cultura traumática— inculca en la sociedad estadounidense moderna (y en muchas otras partes del mundo, no solo en la anglosfera, sino con creces también en buena parte de Europa occidental y hasta en América Latina, donde asimismo se empieza a detectar el despliegue de la misma dialéctica) la noción de que lo psicológico es absolutamente equivalente, si no superior, a lo material.

Es fácil acusar a los identitarios de ser triviales. Pero estoy convencido de que es profundamente injusto. Pues cuando la «memoria justa» (según la expresión del escritor y profesor vietnamita-estadounidense Viet Thanh Nguyen) es tenida por condición previa de un futuro más equitativo, la jerarquía moral sencillamente se presenta de un modo distinto. Y, bajo este aspecto, es todo menos un solecismo moral dar prioridad a las heridas psicológicas del pasado sobre las heridas materiales del presente. Pero *se trata* de un solecismo moral. Incluso si se concediera que la «memoria justa» es una pretensión moral coherente —y, además, realizable—, todo el reconocimiento del pasado no puede aliviar los sufrimientos del presente, a menos que esa «memoria justa» vaya acompañada de una noción no solo de una sociedad curada en lo psicológico (es decir, psíquicamente más ecuánime y equitativa), sino de una sociedad materialmente más justa. Algo que está ausente, en todo sentido riguroso, en la oleada identitaria que actualmente nos asola y, al menos en la cultura, nos ahoga.

La editorial de la Universidad de Duke publicó *Marx para gatos: un bestiario radical*,[1] de Leigh Claire La Berge, profesora de la City University de Nueva York. La propuesta del libro, escribe la profesora La Berge, es que «la historia del capitalismo occidental puede relatarse por medio del gato y, de ese modo, revelar una animalidad hasta ahora inadvertida en el centro de la crítica de Marx». Al parecer, los gatos «han sido siempre criaturas de la crítica económica y la posibilidad comunista». Sin embargo, la profesora La Berge insiste en que «un espectro se cierne sobre el marxismo, el espectro del gato, y ha llegado la hora de una crítica felina, tanto del capitalismo como del marxismo».[2]

Sería fascinante imaginar que la profesora La Berge maquinaba una artificiosa broma al estilo de Alan Sokal (incluso contra la editorial de la Universidad de Duke), pero no es en absoluto el caso. Al contrario —sorpresa—, las víctimas de la broma somos nosotros: lo dice muy en serio. Incluso en un vídeo de Marxfor-Cats.com, La Berge explica con toda solemnidad conceptos marxianos esenciales a una concurrencia de gatos, a los que llega a plantearles preguntas como «¿Qué es mercancía?» y, al cabo, «¿El arte es mercancía?». En un momento dado, incluso les lee un pasaje del texto de Marx «Las revoluciones burguesas».

El hecho de que, como es obvio, los gatos no respondan a sus preguntas no parece inquietar a la profesora La Berge más de lo que parece haber inquietado a la editorial universitaria. Lo que hace una generación se habría calificado de «delirante» (los comportamientos o dichos de las personas en los manicomios que se creían Cristo o Cleopatra) actualmente se considera teoría crítica avanzada (la especialidad académica de la profesora La Berge, en efecto). El revolucionario verdadero, escribe la profesora La Berge citando complaciente al Che Guevara, «está guiado por grandes sentimientos de amor». Pero, añade, «los gatos, y de hecho todos los animales, han sido excluidos durante demasiado tiempo del alcance de ese abrazo amoroso y revolucionario».[3] Su propósito no es otro, declara, que hacer realidad el «potencial del marxismo de convertirse en un proyecto interespecies». Si alguna vez hubo una prueba de lo que una sardónica persona en X, que se define como «Uppity Witch» y publica como @senjii2022, ha calificado de «vena profunda de inmadurez pueril que impulsa la cultura moderna», es *Marx para gatos*. Y, sin embargo, justo en eso se han convertido paulatinamente no solo las humanidades universitarias, sino también la cultura en general: un parque infantil subvencionado en cuyo interior nada más fructífero se produce que un castillo de arena, y donde se ofrecen bobas fantasías con una convicción apasionada, nacida de la certeza de que el suyo no es solo un mero proyecto, sino el proyecto emancipador de nuestro tiempo. No veo cómo se pueda salvar una cultura semejante, tampoco veo razón alguna por la que habremos de hacer luto por ella, y solo espero vivir lo suficiente para asistir a sus exequias.

Los dos elementos más potentes de lo woke son el proyecto de moralización total (por ello es tan claramente posprotestante) y el proyecto de politización total. Con respecto a esto último, no hay —por usar una de sus expresiones preferidas— espacios seguros para lo no político, por la sencilla razón de que para ellos dicha categoría no existe o se trata de una máscara de las políticas de la supremacía racial, el patriarcado y la explotación que lo woke intenta derrocar. Cuánto de ello está ya afectando y seguirá afectando a la búsqueda del placer es uno de los asuntos más interesantes que plantea. «Cuestionar tu privilegio» ya no basta. En la línea extrema de la militancia de género, es cada vez más común toparse con la idea de «cuestionar tus preferencias», es decir, preguntarse si la repulsa a acostarse con alguien (como en el caso, por ejemplo, de un heterosexual o una lesbiana que no deseen mantener relaciones sexuales con una mujer trans con pene) es un acto transfóbico.

Todo lo anterior conforma, en un plano más profundo, me parece, la convicción de que ser una buena persona no solo es lo más importante, sino que la bondad personal es en esencia un acto político. No sorprende entonces que ya prevalezca en las profesiones liberales, y haya migrado al mundo STEM, el extremo de lo que una médica blanca afirmaba angustiada hace años desde las páginas de *The New England Journal of Medicine*: «Si los médicos blancos queremos curar a otros y, en última instancia, al sistema de salud, primero hemos de curarnos a nosotros mismos».[1]

Que ella quiera alardear de su virtud de manera exhibicionista es asunto suyo. Pero lo que resulta nuevo y perjudicial es la metaforización de la idea de la cura, pues borra toda distinción útil entre ser bueno en lo que se hace y ser buena persona. Por decirlo sin ambages, que esta médica —la cual, según su propio diagnóstico, necesita curarse— se cure a sí misma de racismo no es, ni por asomo, tan importante como tratar la leucemia de uno de sus pacientes.

El problema es que las cosas justamente se invierten. Es la diferencia entre curar y «curar», pero el triunfo de la metáfora ha sido tan arrollador en esta sociedad que la distinción ya no conforma el juicio adulto. Mientras tanto, a las sensibilidades morales de esta época, al parecer, les resulta insoportable aceptar el hecho de que es del todo posible que un racista haga un descubrimiento científico en beneficio de la humanidad. En su lugar, la tendencia contemporánea es afirmar que, si las malas personas parecen capaces de hacer algo mejor que las buenas, el problema radica en la definición de «hacer algo mejor». Así pues, si se considera que el biólogo celular David Sabatini es culpable de una falta grave de índole sexual, ello supera todas sus aportaciones y debería despojársele de su laboratorio. Pero como el hecho deja en el aire la cuestión de la importancia de sus aportaciones, la respuesta es afirmar que la idea del genio es una sandez jerárquica y, por ello, despedir a alguien al que se juzga por un comportamiento inmoral y opresivo no causará perjuicio alguno de relevancia científica.

Otra muestra de la moralización referida es la laxitud de los requisitos relativos a los exámenes y, en un caso reciente, el cese de un profesor de ciencia al que sus alumnos (y acaso también la administración de su universidad) consideraban demasiado severo en las evaluaciones. Pero dado el *ethos* actual, es difícil que las cosas fueran de otro modo. Quizá sepamos por los deportes que ser bueno en algo y ser buena persona poco tienen que ver entre sí. Sin

95

embargo, al menos por el momento, la presión para fingir que lo anterior no atañe a la medicina o la física ni, es más, a la escultura o la poesía es irresistible. Si juzgamos a la gente por su bondad en lugar de su aptitud —o, por decirlo de otro modo, si su bondad *es* su aptitud—, entonces rechazar a alguien sobre la base de sus notas es una afrenta a *su* humanidad, al igual que aceptar a alguien pese a sus afrentas morales (reales o imaginadas) es una afrenta a *nuestra* humanidad.

Parece evidente que estamos entrando de pleno a un mundo cuyas buenas intenciones destruirán lo que esta civilización tiene de bueno, sin mejorar sus muchos aspectos asimismo crueles y monstruosos.

La frase «Todo el mundo es especial» puede ser la expresión más radical de la actual convulsión cultural de la anglosfera. En realidad era el título (y el estribillo) de una canción cantada por primera vez en 2005, en el episodio final de *Barney & Friends*, un programa de televisión de enorme popularidad cuyo público objetivo eran los niños pequeños... Es decir, niños que, como se decía en aquella época en la que los adultos no querían ser sino niños mayorcitos con vida sexual y dinero (lo cual equivale a decir en todas las épocas anteriores), todos entendían que no habían alcanzado aún la edad de la razón. Una afirmación dirigida a niños pequeños cuyo mayor éxito es infantilizar a quienes la profieren. Por supuesto, carece de sentido en cuanto afirmación lingüística. Pues si todo el mundo es «especial», entonces nadie es «normal», en cuyo caso, ¿para qué mantener la palabra «especial»? Y ya que estamos, sin duda en un mundo en el que todos son bellos —el otro lugar común para sentirse bien— ya no hace falta la palabra «belleza».

Esta cultura se está suicidando intelectualmente, a tenor de la letra de esa dulce canción enfermiza de *Barney*. Pero ¿qué otra opción tiene? Pues en cuanto la opinión de que todos somos especiales y de que todos somos bellos ya no puede cuestionarse, entonces el corolario ineludible debe ser que todos somos también brillantes... a nuestra manera, por supuesto: diversidad, siempre diversidad. Esta convicción ya domina el sistema educativo, sobre todo en la enseñanza primaria y secundaria. Nadie debe suspender; de hecho, los alumnos han de obtener una calificación superlativa o, si no, se asume que no necesitan recibir calificación alguna. Porque, dado que todos los estudiantes son especiales, bellos e inteligentes, proceder de otro modo sería el colmo de la injusticia.

La cosa no acabará ahí: el lugar de trabajo será lo siguiente, y esta generación y las venideras, que habrán crecido oyendo que todo lo que hacían era maravilloso, tendrán grandes dificultades para conciliar que en el lugar de trabajo se les diga que se les juzgará en función de su rendimiento real. Dicho esto, es probable que la crisis dure poco. En la era de la inteligencia artificial, cada vez habrá menos lugares en los que trabajen seres humanos, muchos de los cuales, por su parte, probablemente se encuentren guapos y especiales... y sin empleo. Los guionistas de Hollywood y el personal de los medios de comunicación ya lo están descubriendo. Y al ritmo que van las cosas, en comparación al menos, la economía de pequeños encargos va a parecer compasiva. Pero todo ello empieza con el envilecimiento del lenguaje o, más precisamente, con el aplanamiento del realismo lingüístico en nombre de un utopismo que depende del eufemismo. Pues sin lenguaje no puede haber razón, y sin razón no puede haber futuro, al menos no uno decente.

Blake Bailey, autor de una estupenda biografía de John Cheever —y que acaba de publicar la biografía autorizada de Philip Roth—, ha sido acusado por algunas de sus exalumnas de engaño pederasta en los años noventa, cuando era profesor de secundaria en el colegio Lusher Middle School de Nueva Orleans.[1] El engaño pederasta, en este contexto, se define por la búsqueda de relaciones erotizadas, aunque no físicas, con niñas menores de edad, con el fin de «allanar el camino» para que el adulto se procure relaciones sexuales con ellas en cuanto sean mayores de edad. Bailey ha rechazado las acusaciones, y aunque concedió en un mensaje escrito a una de sus antiguas alumnas que su comportamiento había sido «deplorable», ha reiterado que no hizo nada «ilegal».[2]

El primero en divulgar esta noticia fue Ed Champion, dramaturgo ocasional y novelista de éxito irregular, que, por contraste, era bien conocido como locutor de «algo» que transmitían en la radio titulado *Bat Segundo Show*, y es ya un prolífico bloguero en una página de muy pertinente nombre: edrants.com [diatribasdeed.com]. No conocía a Champion hasta el estallido de la controversia sobre Blake Bailey, pero por lo que he leído desde entonces —incluidas las fanfarronerías en su página— me parece en extremo detestable. Él mismo ha sido acusado de todo tipo de acosos, como amenazar a personas que le desagradan o que, a su parecer, le habían faltado al respeto con la revelación de algunos de sus

99

secretos a menos que se disculpasen. Ha rechazado tales acusaciones, pero quien quiera conocer la catadura del personaje debe leer el reportaje devastador que Laura Miller le dedicó en *Salon* en 2014.[3] Lo que el propio Champion relata de sí mismo, y que obviamente es justo lo opuesto a lo que cuenta Miller, puede leerse en la página About/Contacts de su bitácora, *Reluctant Habits*.[4]

Ignoro si las acusaciones contra Bailey son verdaderas o falsas. Lo que me interesa es que, a pesar de que nada se ha probado en su contra, la agencia de representación literaria de Bailey, The Story Factory, anunció al cabo de unos días que daba por terminada su relación con él «de inmediato, tras conocer estas acusaciones alarmantes».[5] Su editorial, W. W. Norton, también se distanció de él, e informó que no solo dejaría de promover la biografía de Roth, sino que también suspendería el envío de ejemplares a librerías y distribuidoras, aunque la biografía ya escalaba puestos en las listas de los libros más vendidos. «La decisión se mantendrá —dijo Norton en un comunicado— pendiente de cualquier otra información que pueda surgir».

Insisto: Bailey podrá ser culpable de todas las acusaciones presentadas por dichas mujeres. Pero ni su agencia literaria ni su editorial lo corroboran en absoluto. Al contrario, los comunicados de The Story Factory y de Norton sobre el caso dejan del todo claro, sin más, que no lo saben. En el de la primera, se afirma que cancela su contrato con Bailey por las «alarmantes *acusaciones*»[6] (las cursivas son mías), mientras que en el de Norton se anuncia la suspensión de la promoción y distribución hasta «otra información que *pueda* surgir» (de nuevo, cursivas mías). Es decir, lejos de la presunción de inocencia, como se garantizaría en un tribunal —y como hasta hace no mucho tiempo había sido la norma en la relación entre un autor acusado de alguna falta y su agencia o editorial—, lo que se presenta *de facto* es una presunción de la culpabilidad del escritor.

En efecto, aunque dicho estilo no suele emplearse —si es que se hace alguna vez— en los contratos con una agencia o una editorial, lo que The Story Factory y Norton han hecho es imponer de manera retroactiva y unilateral una cláusula moral en sus respectivos acuerdos con Bailey. Si bien sea práctica habitual, por ejemplo, en los contratos de patrocinio de atletas famosos con los fabricantes de productos deportivos. Un bufete de abogados especializado en tales acuerdos tiene en su cibersitio un ejemplo de cláusula moral «estricta», la cual estipula —y su jerga merece la cita extensa— que «si en cualquier momento, a juicio del Patrocinador, el Atleta sufre de desprestigio, escarnio o escándalo público que afecte a su imagen o reputación, entonces la Empresa podrá, por medio de una comunicación escrita, suspender o rescindir de inmediato el presente contrato de patrocinio y los servicios del Atleta aquí descritos, reservándose además cualquier otro derecho o indemnización a que el Patrocinador tenga derecho, amparado por este contrato, por la ley o los tribunales».[7]

Lo clave aquí es que esos contratos no estipulan que el patrocinador esté autorizado a cancelar el acuerdo con el atleta solo si se demuestra que ha cometido alguna falta, sino más bien que, si la reputación del atleta se ve mancillada, incluso si las acusaciones en su contra resultan ser totalmente infundadas, el patrocinador tiene pleno derecho a suspender o cancelar todo vínculo contractual existente. Eso es justo lo que hizo The Story Factory. Bailey podrá no ser culpable, pero es indudable que las acusaciones en su contra han desatado un escándalo. Así que Norton obra amparado por el derecho de todo patrocinador: suspende su contrato con Bailey hasta que se asiente la polvareda.

Hay otra palabra para designar lo ocurrido: censura. Los escritores no son deportistas y las editoriales o agencias tampoco son —o antes no lo *eran*— patrocinadores comerciales. Esta distinción parece no importar en absoluto a The Story Factory ni a Norton, y es divisa del insensato moralismo de estos tiempos. Y quien sostenga que concluirá pronto este periodo cultural, en el que la censura ha recuperado el centro y la superioridad moral es la posición por defecto del poder cultural hegemónico estadounidense, me parece que se está mintiendo a sí mismo. Más bien, estamos entrando en la versión woke de la era victoriana, o del Hollywood posterior al código Hays, donde la censura será la norma y no la excepción.

Desde la perspectiva de la historia, no hay nada en ello que nos mueva a la sorpresa. Al fin y al cabo, los adultos de finales del siglo XVIII nunca se adaptaron de verdad al moralismo del siglo XIX. A lo cual se refería Talleyrand cuando dijo de quienes no habían vivido antes de la Revolución francesa que no habían conocido las dulzuras de la vida. Fue precisa la Primera Guerra Mundial para romper el consenso moral victoriano. Presiento que el creciente consenso, según el cual el carácter moral y las acreditaciones políticas, raciales y de género de los escritores y artistas que determinarán si son publicados o expuestos, elogiados o ignorados, se ampliará en las décadas venideras. Es evidente que internet permite publicar o exponer la obra propia, así que *técnicamente* nadie está sufriendo la censura. Pero los medios tradicionales siguen dominando el complejo académico-cultural-filantrópico, y así seguirá siendo, me parece, en el futuro próximo. Y en esos contextos, dichas cláusulas morales, ya sea *de facto* o *de iure*, serán habituales. Todo se llevará a efecto, al fin y al cabo, en nombre de la decencia, la compasión y la solidaridad más elementales con las víctimas. Nada aquí que llame a la sorpresa tampoco: la censura siempre se ha arrogado la justificación moral de su ejercicio en pos de un bien superior.

La revelación de que las obras del célebre escritor de libros infantiles Roald Dahl —el autor de las populares *Matilda, Charlie y la fábrica de chocolate* y *Las brujas*— han sido metódicamente expurgadas de todo lenguaje considerado ofensivo para la sensibilidad de la burguesía ilustrada de la anglosfera acaso no debería asombrar a nadie.[1] La nuestra no es solo la segunda gran era de la expurgación,[2] sino que la semejanza entre los razonamientos que Thomas, Jane y Henrietta Bowdler adujeron al presentar *The Family Shakespeare* [«Shakespeare para toda la familia»] en 1807 y los que hoy aducen el sello Puffin de Penguin Random House y los herederos de Roald Dahl para la neutralización y «saneamiento» moral de la obra de Dahl son casi indistinguibles entre sí.

En ambos casos, el propósito declarado no ha sido el de arrojar a Shakespeare o a Dahl al basurero de la historia (literaria), sino *salvar* en cambio a cada cual de tan vil destino editando y reescribiendo sus obras de modo tal que los lectores contemporáneos —que de otro modo podrían sentirse ofendidos y abstenerse de leer, digamos, *Hamlet* o *James y el melocotón gigante*— puedan seguir haciéndolo con la conciencia tranquila. Como advirtió Thomas Bowdler en su prólogo a la edición de 1819 de *The Family Shakespeare*:

> Mis grandes propósitos en este empeño son eliminar de los escritos de Shakespeare algunos defectos que reducen su valor y, al

103

mismo tiempo, presentar al público una edición de sus obras que los padres, tutores e instructores de la juventud puedan sin temor poner en manos de sus alumnos, y de las cuales estos puedan derivar instrucción así como placer; y puedan enmendar sus principios morales mientras afinan su gusto, sin incurrir en el peligro de sentirse heridos con cualquier indelicadeza expresiva.[3]

Lo anterior no solo suponía lidiar con lo que los Bowdler calificaban de «indelicadezas expresivas» de Shakespeare omitiéndolas del todo o sustituyéndolas por algo más aceptable para un público familiar —por ejemplo, los Bowdler sustituyeron los «Dios» y «Jesús» por «cielos»—, sino también suprimiendo personajes inmorales como la prostituta Dorothy «Doll» Tearsheet de *Enrique IV, segunda parte*, o reescribiendo escenas para no herir la sensibilidad moral de la época, como en el caso del suicidio de Ofelia en *Hamlet*, que los Bowdler sustituyen por un ahogamiento accidental.

Los Bowdler entendieron —y presentaron explícitamente— su empeño como el de una reducción de Shakespeare, separar de su obra el trigo trascendente de la paja indecente e inmoral que la arruinaba. «El lenguaje no siempre es impecable», escribió Thomas Bowdler en el prefacio de 1819:

> Figuran muchas palabras y expresiones de naturaleza tan indecente que se hace muy deseable borrarlas. La mayor parte de ellas se introdujeron evidentemente para satisfacer el mal gusto de la época en que vivió, y el resto quizá pueda atribuirse a su propia fantasía desenfrenada. Pero ni el gusto atroz de la época ni las más brillantes efusiones de ingenio pueden servir de excusa para el sacrilegio o la obscenidad; y si estas pueden eliminarse, el trascendente genio del poeta brillará sin duda con un lustre más diáfano.[4]

Todas las justificaciones para reescribir a Shakespeare —que su obra padecía la impregnación de las inaceptables opiniones de su época, que la lectura de pasajes ofensivos afrentaría a los lectores y los perjudicaría moralmente y que, por ende, la reescritura era el mayor servicio que podía prestársele— son las mismas que enarbolan Penguin Random House y los herederos para explicar las enmiendas efectuadas a la obra de Dahl. Los cambios, anunció la editorial, se han realizado para que «las maravillosas palabras de Roald Dahl puedan transportarte a mundos diferentes y presentarte a los personajes más maravillosos».[5] Pero, al igual que Thomas Bowdler había aducido que el lenguaje indecente (y presuntamente las escenas) de Shakespeare se había introducido para «satisfacer el mal gusto de la época» y su (presuntamente reprobable) «fantasía desenfrenada», Dahl había escrito sus libros «muchos años atrás» y, como resultado, la editorial necesitaba «revisar con regularidad el lenguaje para asegurarse de que todos puedan seguir disfrutándolo hoy en día».[6]

Del mismo modo que *The Family Shakespeare* tenía como su mayor propósito constituirse en una versión de Shakespeare a la que padres, tutores y profesores pudieran exponer a los niños sin peligro, un representante de Penguin Random House declaró a la publicación gremial británica *The Bookseller* que, si los «niños de tan solo cinco o seis años leen libros de Roald Dahl, y a menudo son los primeros relatos que leen por su cuenta»,[7] el editor de Dahl contraía «una relevante responsabilidad», sobre todo «porque podría ser la primera vez que [estos niños] navegan por contenidos escritos sin un padre, profesor o cuidador». El editor negó que todo ello debiera tenerse por una distorsión de la obra de Dahl. Al contrario, Francesca Dow, directora de la división de libros infantiles de Penguin Random House, proclamó que Dahl había sido siempre y seguiría siendo su autor favorito. Sus recuerdos más queridos de lectura con sus hijos pequeños, dijo, eran justamente con Dahl.

Como al parecer no hay Bowdlers en Penguin Random House, la editorial había recurrido a lectores externos de sensibilización —una práctica cada vez más extendida en la edición en lengua inglesa en toda la anglosfera— y contratado a una empresa de nombre Inclusive Minds para que sugiriese los cambios. En una larga declaración a *The Hollywood Reporter*, en respuesta a las preguntas del periódico sobre la participación del grupo en la reescritura de Dahl, Inclusive Minds negó que fueran lectores de sensibilización, sino que su objetivo era poner en comunicación a los editores con su red de «embajadores de la inclusión», jóvenes lectores con «gran diversidad de experiencias dispuestos a compartir su conocimiento [con editores y autores] para asistirlos en los procesos de creación de libros auténtica y, a menudo, intencionadamente inclusivos» durante los trabajos de escritura y edición.[8] Los títulos más antiguos —como los libros de Dahl— «no eran el objeto principal de los embajadores». En cambio, Inclusive Minds consideraba que «se logra una mayor autenticidad mediante las aportaciones en las fases de desarrollo».

Por supuesto, esta relación de cómo se escriben los libros es, en realidad, una descripción de cómo se escriben los guiones de cine y televisión, *no* los libros. Porque queda claro que en el modelo de Inclusive Minds, si bien el autor forma parte del proceso, en buena medida participa como productor de un texto al que luego habrán de dar forma los editores, quizá incluso otros escritores, y que ha de ser revisado en busca de posibles contenidos ofensivos; al igual que ocurre con la mayoría de los guiones producidos para los grandes estudios cinematográficos. Incluso en este caso, la declaración de Inclusive Minds de que no es una empresa de lectores de sensibilización suena más bien hueca. Pero en lo que atañe a lo que se complace en llamar «títulos antiguos», se trata de una distinción sin importancia. Como se afirma en el comunicado a *The Hollywood Reporter*, el grupo sostiene que «se logra una mayor autenticidad mediante las aportaciones en las fases de desarrollo» (es decir, el modelo de guion de cine y televisión):

> Sostenemos que las personas con experiencia de vida pueden aportar valiosos conocimientos cuando se revisa un lenguaje que puede ser perjudicial y perpetuar estereotipos nocivos. En to-

da nuestra labor con jóvenes marginados, el impacto negativo y el daño reales causados a la autoestima y la salud mental por una representación sesgada, estereotipada e inauténtica es un tema recurrente. En cualquier proyecto el papel del embajador consiste en ayudar a identificar el lenguaje y las descripciones que podrían no ser auténticas o problemáticas, destacar las razones, así como indicar posibles soluciones. El editor (y/o el autor) disponen entonces de toda la información para tomar decisiones informadas sobre los cambios que deseen introducir en los manuscritos e ilustraciones.

Es evidente que «indicar posibles soluciones» es justo el cometido de los «lectores de sensibilización», como deja claro incluso el más breve escrutinio de sus declaraciones y de los libros sobre el procedimiento. E Inclusive Minds nunca ha negado las afirmaciones de Penguin Random House y de los herederos de Dahl en el sentido de que los cambios al cabo efectuados fueron en colaboración con el grupo y como resultado de sus indicaciones. Pero si Inclusive Minds fue más o menos insincera al anunciar inicialmente los cambios introducidos, el editor de Dahl y sus herederos lo fueron del todo desde el principio. Reiteraron que los cambios consistían solo en «un conjunto relativamente reducido de ediciones al texto»,[10] aunque la empresa se dejó una puerta abierta al añadir que los cambios al texto habían sido «mínimos» en «*relación al recuento de palabras de los libros más extensos*» (las cursivas son mías). Pronto fue patente que, al margen de toda relación con el recuento de palabras, los cambios habían sido todo menos mínimos.

Al contrario, como detalló *The Daily Telegraph*, se había emprendido un esfuerzo sistemático de eliminación de todo lo que pudiera herir la sensibilidad, ya no de los niños —como en *The Family Shakespeare*, este ejercicio de censura moral siempre se ha ejecutado para complacer a los padres y profesores—, sino de los adultos. En palabras de Matthew Dennison, el biógrafo de Dahl, este nunca

tuvo nada que ver con los bibliotecarios que criticaban sus libros por considerarlos demasiado aterradores, carentes de modelos morales, negativos en su representación de la mujer, etcétera. Dahl escribió historias con la intención de despertar de por vida en los niños el amor por la lectura y recordarles las maravillas de la magia y el encanto de la infancia, propósitos que cumplió con creces. Las preocupaciones de los adultos por las formalidades políticas le tenían sin cuidado. Dicho esto, si bien Dahl podía ofender sin reparos a los adultos, se esforzaba por no alejar ni hacer infelices a sus lectores infantiles.[11]

Y añade:

«Me importa un bledo lo que piensen los adultos» sería una frase típica [de Dahl]. Y estoy casi convencido de que habría advertido que las alteraciones a sus novelas motivadas por este clima político vienen impulsadas por los adultos y no por los niños, lo cual siempre le inspiró a Dahl burla, si no desprecio.[12]

Los cambios cumplen todos los requisitos de la beatería burguesa contemporánea —o, como diríamos hoy, de la clase profesional y gerencial—, de la misma manera que los Bowdler cumplían los de la alta burguesía británica del siglo XIX. Se han eliminado tal cual no solo todas las burlas a los gordos, sino toda mención a la gordura como estado físico, de modo que, por ejemplo, en *El cocodrilo enorme*, «niño gordo y jugoso» se sustituye por «niño jugoso»; en *El Superzorro*, «era enormemente gordo» cambia a «era enorme», y en *Las brujas*, ni siquiera a los ratones se les permite engordar, de modo que «ratoncito gordo y marrón» se corrige por «ratoncito marrón». Además, se desautoriza toda referencia a lo que se llamaría actualmente un concepto binario del género. Así, en *Matilda* se sustituye «madres y padres» por «progenitores»; en *La maravillosa medicina de Jorge*, «no tenía hermano ni hermana» se corrige con «no tenía hermanos», y en *James y el melocotón gigante*, «los hombres-nube estaban todos de pie» ahora es «las personas-nube estaban todas de pie».

Otras caracterizaciones potencialmente ofensivas se han borrado sin más. Por ejemplo, las frecuentes descripciones de Dahl de varios personajes de sus libros como «locos» no se encuentran en ningún sitio. En *Charlie y la fábrica de chocolate*, «el príncipe loco» se corrige por «el príncipe»; en *Los gemelos*, «loco» cambia a «excéntrico», y en *James y el melocotón gigante*, el comentario de que «el niño está loco» sencillamente se ha eliminado. A las mujeres ya no se las califica de feas y, por alguna razón, en varios de los libros la «vieja bruja» es ahora la «vieja cuerva», aunque en otros pasajes las referencias peyorativas a los animales se eluden, como en *James y el melocotón gigante*, donde «no seas burro» ha quedado en «no seas tan bobo», y en *Matilda*, donde «sabio pajarraco» se transforma en «sabio maestro» (así se confunden antropocentrismo y edadismo en un solo sintagma). Al mismo tiempo, las referencias a las mujeres que desempeñan trabajos domésticos se sustituyen por otros de categoría superior. En *Las brujas*, por ejemplo, «aunque trabaje de cajera en un supermercado o mecanografíe cartas para un empresario» se sustituye por «aunque sea una gran científica o dirija una empresa».[13]

Más sorprenden incluso los pasajes donde los escritores que menciona Dahl que se consideran actualmente racistas o sexistas son eliminados o sustituidos por autores más tolerables. En *Matilda*, por ejemplo, «viajó en veleros de antaño con Joseph Conrad. Fue a África con Ernest Hemingway y a la India con Rudyard Kipling» se sustituye por «se paseó por fincas del siglo XIX con Jane Austen. Fue a África con Ernest Hemingway y a California con John Steinbeck». En otras partes del libro, «Dickens o Kipling» cambia a «Dickens o Austen».[14]

Considerada en su conjunto, la declaración de Penguin Random House de que el propósito de los recortes y reescrituras de Dahl es «que todos puedan seguir disfrutándolo hoy en día» significa en realidad «que no hay nada en las nuevas ediciones de Dahl que pueda ofender a los padres *millennials* o provocar una tormenta de críticas en las redes sociales».[15] En este sentido, las críticas a la revisión publicadas en la prensa conservadora pasan por alto un

109

punto esencial. ¿Han cedido los herederos de Dahl y Penguin Random House a la presión woke? Por supuesto que sí. Pero ceder a la presión woke es un buen negocio, y ya que los derechos de la obra de Dahl se han cedido a Netflix el negocio es aún mayor. Y si este fue el cálculo en el que basaron sus decisiones la editorial, los herederos de Dahl y Netflix, la realidad comercial es que, sin esa corrección —es decir, sin una reinvención que despertara de nuevo el interés del público—, los libros de Dahl probablemente habrían vendido paulatinamente menos ejemplares con el paso de los años, y en cambio ahora esa trayectoria descendente ha sufrido —como se dice en las escuelas de negocios— una «disrupción», y se han abierto nuevas posibilidades de comercialización. Lo mismo es cierto de la decisión recientemente anunciada por los herederos de Ian Fleming y sus editores de relanzar los libros de James Bond eliminando muchos fragmentos ofensivos.

Uno de los aspectos que revela la controversia sobre Dahl es el error fundamental de los antiwoke: no es que lo woke sea compatible con el capitalismo, como los conservadores y los izquierdistas no woke ya han comprendido, sino que es beneficioso para el capitalismo. Y el hecho de que Penguin Random House, tras el revuelo causado por la revisión de Dahl, diera marcha atrás y aceptara publicar las nuevas ediciones junto con otra reedición «clásica» en la que se preservan los textos originales es una táctica empresarial aún mejor: un segmento de mercado para los woke y un segmento de mercado para los antiwoke. ¿Qué podría ser más rentable?

¿Está el complejo académico-cultural-filantrópico de la anglosfera, del que la edición es un componente importante, ebrio de su propia virtud? Sería más exacto afirmar que está ebrio con sus propias ambiciones éticas. Con ello, ilustra la definición de lo kitsch de Roger Scruton, basada en «códigos y clichés que convierten las emociones más elevadas en una forma predigerida y desproblematizada, la forma que puede fingirse más fácilmente».[16] Pero también las convierte en la forma que puede venderse más fácilmente. Y en cierto sentido, el caso Dahl nos enseña tanto, si no más, sobre esto como sobre la subyugación de toda escritura indócil —aunque Dahl fuera indócil, y las acusaciones de racismo que durante mucho tiempo se han vertido contra él sean absolutamente ciertas (y es importante recordarlo incluso cuando se rechaza rotundamente lo que ha hecho Penguin Random House)— a los dictados de las complacientes beaterías de las clases profesionales y gerenciales de la anglosfera.

En cuanto a las cuestiones literarias, hasta ahora siguen sin respuesta. En un brillante ensayo sobre Dahl en *The New York Review of Books*, Merve Emre —con creces la más interesante, en mi opinión, entre la nueva generación de críticos y ensayistas literarios— repasa con justicia y contundencia el racismo de Dahl y da crédito a los esfuerzos del editor estadounidense (en vida) de Dahl por frenar sus fantasías más detestables. Concluye diciendo que hay escritores de libros infantiles mucho mejores que él, expurgado o sin expurgar, a los que los padres pueden dirigirse. No defiendo a Dahl —me opongo a que se le reescriba; no estoy a favor de él—, y no dudo de que ella tenga razón. Dicho esto, es precisamente la crueldad y la malevolencia de Dahl, el *ello* palpable en su prosa, lo que en mi opinión explica al menos el atractivo que ejerce en los niños y quizá la repugnancia que provoca en muchos padres (Emre es mucho mejor guía que Francesca Dow a este respecto). Pero cuando Penguin Random House y los herederos de Dahl insisten en que con las ediciones revisadas se pretendía conservar lo que llaman su picardía, desechando al mismo tiempo su malevolencia, me pregunto si es posible. Al igual que me pregunto si una literatura infantil purgada de su malicia en aras de un mundo mejor, más justo, y de un lenguaje más amable, más inclusivo y menos violento (y que quede claro, de ningún modo estoy empleando estas palabras en sentido irónico) ejercerá algún atractivo duradero para la faceta «señor de las moscas» de los niños, la cual, nos guste o no, casi todos ellos albergan en mayor o menor medida.

111

Robert Hughes escribió que «Una de las primeras condiciones de la libertad es el descubrimiento del límite que la política no puede transgredir, y la literatura es uno de los medios por los que los jóvenes (y ancianos) lo descubren».[1] Sin embargo, casi todo el propósito de la literatura en la anglosfera contemporánea ha consistido en la supresión de dicho límite. Toda obra literaria que no sea política es sospechosa; o, para ser más preciso, puesto que se sostiene que toda la literatura es política —como todo lo demás en la vida—, los novelistas y poetas que no reconocen la naturaleza política de su obra están, por ello, demostrando la tendencia reaccionaria propia y de su obra. Aunque, en realidad, buena parte de la literatura politizada actual —la cual fracasa miserablemente al tratar de alcanzar el nivel de la digna *agitprop* de siempre— consiste en autobiografías disfrazadas, de mano de personas cuya fascinación por ellas mismas es más una manifestación de su impotencia que de su emancipación. Cómo podrán afrontar su propia mortalidad es una cuestión que a menudo suscita mis cavilaciones.

A estas alturas debería resultar obvio que las declaraciones de la DEI requeridas en las reuniones de las asociaciones profesionales son el equivalente funcional de los juramentos de lealtad de los años cincuenta. Pero lo más interesante es el grado en el que todo el complejo académico-cultural-filantrópico está ahora entregado en la práctica a la disuasión efectiva de toda actividad de investigación que no esté dotada de una misión social. No es una exageración antiwoke. Las solicitudes para las plazas de profesor titular, las decisiones de las asociaciones profesionales sobre qué artículos autorizarán en los congresos anuales, etcétera, se evalúan según los criterios más tradicionales de mérito y el interés académicos, aunque también por su aportación al «antirracismo» (cuya actual definición general sigue a menudo la orientación de la obra de Ibram X. Kendi).

Si bien el dominio intelectual ejercido por Kendi, Nikole Hannah-Jones y otros polemistas de ideas afines (llamarlos estudiosos sería inexacto, pese a los acreditados puestos académicos que ocupan muchos de ellos) ha tenido un efecto nocivo en las instituciones culturales y de investigación de la anglosfera, me parece que los efectos morales, culturales e intelectuales más graves de la mentalidad hegemónica de la DEI poco tienen que ver con esos personajes. Su influencia menguará. Pero es poco probable que se debilite la infraestructura misma de la DEI; lo más previsible es que perdure, incluso cuando se descarte (si se descarta) la común

113

teoría crítica de la raza *à la* Kendi o Robin DiAngelo. Y ello obedece a que la fractura irremediable en las universidades y los museos es la instauración de la idea según la cual una obra que no pueda justificarse sobre la base de su aporte a la emancipación política y social es inherentemente menos valiosa que una obra que pueda arrogarse dicha aportación. Es decir, todo debe ser politizado y moralizado, lo cual implica que lo apolítico se considera moral e intelectualmente sospechoso, si no ilícito.

Es muy probable que esa premisa se mantenga, porque, aunque la derecha en general se opone a lo woke, también rechaza en buena medida la legitimidad de lo apolítico. Se precisa cautela en este punto: sostener lo anterior de ninguna manera supone que no se puedan producir grandes obras de arte en esas condiciones. Andréi Siniavski en *Sobre el realismo socialista* es terminante a este respecto: «El arte no teme a la dictadura, a la severidad, a las represiones, incluso al conservadurismo y los clichés —escribió—. Cuando hace falta, el arte puede ser estrechamente religioso, estúpidamente gubernamental, estar desprovisto de individualidad y, sin embargo, ser bueno. Nos cautivan estéticamente los estereotipos del arte egipcio, los iconos rusos y el folclore. El arte es lo bastante elástico como para encajar en cualquier lecho de Procusto que le presente la historia».[1]

Pero ¿puede decirse lo mismo del pensamiento? Sospecho que Siniavski habría respondido con su asentimiento. Yo no estoy tan seguro. Pues la hegemonía de la mentalidad DEI en las instituciones de las clases profesionales y gerenciales de la anglosfera no solo es una máquina que activa al censor que tenemos en la cabeza (¿cómo podría ser de otro modo si el medro profesional depende de ello?), sino que, además, de manera igualmente peligrosa —para el pensamiento y para el arte, quiero decir—, activa una mentalidad conformista, o incluso quizá una peor, burocrática. ¿Se han cumplido todos los requisitos, etcétera? Dentro del conformismo, aún hay espacio para maniobrar: por eso el aspecto de «juramento de lealtad» de la DEI me parece mucho menos decisivo que el aspecto burocratizante. Quizá fuera más difícil (no estoy seguro), aunque sin duda posible, producir buenas obras en el contexto de la religión obligatoria o de los juramentos de lealtad del macartismo. Pero ¿es posible producirlas cuando el concepto de la obra apolítica ha sido repudiado y declarado una afrenta moral porque se erige en obstáculo para la emancipación de la humanidad? Lo dudo mucho. Primero lo político era lo político, luego lo personal fue lo político y ahora todo es lo político. El resultado es que ya todo está moralizado, y eso implica el preceptivo equivalente blando de una policía moral para implantar sus dictados: pues no se puede permitir que la inmoralidad campe por ahí a sus anchas. Es la misma mentalidad que da origen a la auténtica policía de la moral en lugares como Irán, pero sin violencia y con una sonrisa.

The Guardian informa que el Consejo de las Artes de Nueva Zelanda retiró la subvención a un festival de Shakespeare que había patrocinado la producción de sus obras durante tres decenios, aduciendo que el programa para alumnos de secundaria «no demostraba su relevancia en el contexto artístico contemporáneo de Aotearoa en esta época, lugar y paisaje», y que «el género se situaba en un canon imperialista y no ofrecía la posibilidad de desarrollar un programa de estudios vivo y relevante».[1] El festival perdurará, porque la subvención del Consejo de las Artes supone el 10 por ciento de su presupuesto al año. Pero la noticia es emblemática del proceso actual de mutilación de la cultura que se confunde con emancipación y se está desplegando en toda la anglosfera.

Fueran cuales fueran las objeciones al «arte por el arte», aquellas eran infinitamente preferibles a la actual creencia popular imperante en la cultura: el arte que no sirve a las ambiciones morales y políticas del presente es irrelevante —como afirma explícita y repetidamente el Consejo de las Artes de Nueva Zelanda— o es, de hecho, un obstáculo a tales ambiciones, al referirse al «canon imperialista».

Un planteamiento así no puede distinguir entre el arte mismo y la historia de sus usos. Ello explica la crisis de los departamentos de letras clásicas de las universidades del mundo angloparlante: los jóvenes especialistas y militantes estudian los usos que el imperia-

116

lismo occidental hizo del griego clásico y la Roma imperial y les parece mucho más interesante que Roma y Grecia consideradas en sentido estricto. Según este discurso, sostener que el estudio de esos efectos puede no ser en absoluto competencia de los departamentos de clásicas, y con seguridad no debería ser su principal interés, es ser cómplice de dicho proyecto imperial.

El Consejo de las Artes de Nueva Zelanda arguye lo mismo. Shakespeare se inscribe en el seno de «un canon imperialista»,[2] lo que es obviamente cierto para la historia —como en el caso del uso imperialista de los clásicos—, y por lo tanto no solo es irrelevante para el presente, sino tóxico para el futuro (deseado).

Y, si se acepta la idea de que el arte obedece a dos propósitos —representar a las comunidades, ya sean estas raciales, étnicas, de género, etcétera, y contribuir en el presente a la configuración del futuro—, entonces la decisión del Consejo de las Artes sigue, en efecto, una lógica impecable. En el mismo artículo se informa de que Nicola Hyland, profesora de arte dramático de la Universidad de Wellington, declaró a *The Guardian* que, en su opinión, Shakespeare estaba «sobrerrepresentado» en el país. «Sería un acto de descolonización impresionante, de gran envergadura, si antes descubriéramos nuestros propios relatos y después a Shakespeare —y añadió—: ¿No sería magnífico que los jóvenes pudieran volver a casa y decir: "Eh, mamá, papá, acabo de leer este relato, muy parecido al de Hinemoa y Tūtānekai? Se llama Romeo y Julieta"».[3] Al margen del hecho de que las tramas de Shakespeare son lo menos interesante de su obra, e incluso en el supuesto de que las tramas de ambas sean en verdad parecidas, hasta ahí llega la semejanza. Es esta noción del arte y los artistas como representantes de sus pueblos lo que el ya mencionado gran político, aunque problemático filósofo y teórico cultural mexicano quiso decir cuando escribió: «Por mi raza, hablará el espíritu».[4] En este planteamiento del arte movilizado e íntegramente sociologizado, lo único relevante es la mezcla de folclore y *agitprop* del pasado reprimido (por el imperialismo, el racismo, el patriarcado, etcétera) y el futuro radiante.

Debería resultar evidente que Shakespeare no «hablaba» en nombre de los europeos blancos, al igual que el gran poeta sánscrito del siglo VI Bharavi no «hablaba» en nombre de la India en su *Kiratarjuniya*. Y, a pesar de todo, en la actualidad es algo incomprensible en el complejo académico-cultural-filantrópico de la anglosfera: el arte verdadero, el arte que motiva a lo largo del tiempo y el espacio y puede fascinar, conmover, entristecer y deleitar a gente que no podría ser más ajena a la Inglaterra isabelina o a la dinastía Ganga occidental, es demasiado peligroso, demasiado autónomo y demasiado incontrolable, razón por la cual resulta tan amenazante para los *apparátchiks* culturales de la anglosfera contemporánea. Y por ello intentan, y a menudo consiguen, estrangularlo.

Se acucia cada vez más a los escritores a contratar a los denominados «lectores de sensibilización», cuya tarea consiste, de hecho, en ser verificadores morales. Su función es detectar y advertir a sus clientes autorales de «contenido ofensivo», como lo calificó la escritora de viajes y comentarista Monisha Rajesh en una columna en *The Guardian*.[1] En su texto, Rajesh hacía hincapié en que «nadie está vigilando la imaginación o diciéndole a los escritores qué deberían escribir y qué no». Lo cual podrá ser cierto de la propia Rajesh, pero, sin duda, no lo es de muchos otros que están de su lado en el debate. En todo caso, se trata de una hipocresía de su parte, pues, aunque no les indique *qué* deberían escribir en una novela, sí les dice *cómo* deberían hacerlo. Y más o menos lo reconoce en la frase siguiente, cuando añade que: «estamos obligados a una mutua diligencia debida antes de empezar a escribir».

La escritora y editora Tara Tobler elogia en *The Bookseller* británico a escritores de color por «dar un paso al frente para mostrar de qué manera el inglés blanco podría ser más compasivo, más inteligente, más preciso».[2] Y también se pregunta (es blanca): «¿Por qué diantres no les damos las gracias?», para rematar: «El lenguaje inclusivo existe porque el lenguaje racista es un fracaso. Fracasa ética y estéticamente. *Provoca un trauma* [las cursivas son mías]. Es reduccionista. Está repleto de clichés».[3] Y con fingido asombro, concluye: «No sé por qué alguien querría aferrarse a él».

Que a Tobler le disguste la llamada «novela blanca», que considera «infestada de parálisis y narcisismo» precisamente porque rechaza la reforma moral del «inglés blanco», es cosa suya. Pero cuando sostiene que para los escritores y editores blancos «rechazar la obra del antirracismo es no entender nuestra presencia en el mundo, y el mundo en su verdadera complejidad», y que es asimismo, siempre según su definición, «rechazar a escribir o publicar bien», plantea un ideario totalmente politizado del hecho literario. Ofrece a sus colegas escritores y editores el mismo y repugnante binarismo woke al estilo de Kendi y DiAngelo —blanco/no-blanco—. La literatura inclusiva y antirracista es buena; la literatura que no lo es, es mala. La literatura —por hacer uso de una palabra que Tobler emplea varias veces en su artículo— debe tener mensaje para justificar su valía. Y no cualquier mensaje, atención: un mensaje moralmente conveniente. Se acabó, entre otras cosas, la abstracción.

La ridiculez absurda del concepto de un «inglés blanco» debería resultar evidente, aunque, si existiera, que no es el caso, semejante binarismo obligaría a excluir a novelistas no blancos como Ellison o Naipaul, o a poetas como Walcott, que escribían en un inglés «no reformado». Pero Tobler es representativa de muchos jóvenes escritores y editores en el mundo de habla inglesa, y por ello sus argumentos —como los de Monisha Rajesh— resultan tan destructivos, como siempre que se trata de esencialismo racista. Pero, dado que esta opinión se ha extendido tanto en la anglosfera, apenas sorprende que los lectores de sensibilización sean cada vez más buscados por los autores (blancos) y, cada vez más también, por los editores. Pues si escribir bien por definición es ser inclusivo, antirracista, etcétera, es obvio que los escritores querrán garantizarse de lo que antes he llamado «verificadores morales».

Lo que más me asombra de todo ello es la visión romántica de la vocación del artista, la renuencia a reconocer que buena parte de la literatura perdurable del pasado era inmoral o amoral. Pero en 2021 esto no basta. Al igual que los victorianos intentaron, por mojigatería sexual, cubrir incluso las patas de los pianos, los victorianos del siglo XXI como Rajesh y Tobler intentan, por un nuevo tipo de mojigatería moral politizada que navega con la falsa bandera del antirracismo y la inclusión (por no hablar de la medicalizada fetichización del trauma), imponer la convicción de que el arte moralmente defendible es el único aceptable.

Se informa de que la Universidad de Northampton, en el Reino Unido, ha puesto una advertencia de contenido a *1984* de Orwell. El hecho salió a la luz gracias a un reportaje del *Daily Mail*,[1] en el que se publicaba la noticia como otro ejemplo del desbocamiento de lo woke en Gran Bretaña. Y, de algún modo, este es en efecto el caso. Pero lo interesante es que la medida tiene menos que ver con lo woke y más con el triunfo de cierta cultura terapéutica, según la cual la amenaza de que un alumno sufra un trauma al verse expuesto a una obra de arte y sin previo aviso de los peligros psíquicos que presenta es un riesgo potencial existente por doquier: la biblioteca y, por supuesto, los servicios de reproducción multimedia como campo psíquico minado.

Si la advertencia de contenido solo se aplicara a Orwell (quien, por cierto, es ya denostado por la izquierda woke e idolatrado por la derecha), entonces pensar en clave de la política woke podría, en efecto, tener justificación. Pero la noticia del *Daily Mail* continúa informándonos de que la Universidad de Northampton también ha emitido advertencias de contenido sobre *Final de partida*, la obra de Samuel Beckett; la novela gráfica *V de Vendetta*, de Alan Moore y David Lloyd, y *Espejismos*, de Jeanette Winterson, obras todas mucho más relacionadas con la izquierda que con la derecha.

Es cierto, por supuesto, que exhiben el potencial de ser «ofensivas y perturbadoras», al decir de la advertencia de contenido para los alumnos. Pero ese es, por supuesto, el propósito, o uno de ellos al menos, de todas estas obras. Nos hallamos, entonces, ya no en un mundo de escrúpulos éticos, sino de negación psíquica, en el de la fantasía de que los alumnos en particular —y, presuntamente, la sociedad en su conjunto— tienen el derecho a ser protegidos incluso de la exposición involuntaria a todo aquello que pueda perturbarlos. Es evidente que pueden hacer caso omiso a las advertencias de contenido sensible, pero ello no invalida la obligación moral de una institución como la Universidad de Northampton de lanzarlas. Fragilidad absoluta: la nueva normalidad.

La historia de las advertencias de contenido es interesante. Provienen de una investigación clínica relativa al trastorno por estrés postraumático (TEPT), según la cual cuando se reviven «palabras, objetos o situaciones que evocan lo sucedido» —como se sintetiza en un folleto del Instituto Nacional de Salud Mental de Estados Unidos—, el TEPT puede activarse, lo que a menudo provoca un miedo intenso.[1] En sus inicios, el término se empleaba en un contexto más bien restringido, el de las víctimas de violación y abuso sexual. Sin embargo, en una cultura basada sobre todo en un punto de vista terapéutico y «metaforizado» del mundo, en el que no cabe hacer una distinción válida fundamental entre la *psique* y el *soma*, probablemente resultaba inevitable que se ampliaran enseguida los contextos en los cuales se tendrían por imperativas dichas advertencias, principalmente en los campus universitarios de toda la anglosfera.

Si bien persiste un profundo desacuerdo sobre las limitaciones de su alcance, para los que están convencidos de su necesidad y de su corolario en los campus, a saber, la prohibición de los discursos de incitación al odio y la prohibición de conferenciantes externos, profesores y grupos de alumnos que presuntamente trafiquen con estos discursos, se aducen dos argumentos de forma reiterada. En primer lugar, las pruebas científicas de que la agresión verbal puede provocar un estrés similar al desencadenado por la agresión física y algunas formas de abuso sexual, de modo que, si se está estresado crónicamente, las palabras detonantes se añadirán a esa amenaza y, tarde o temprano, pondrán en peligro la salud física. Esto es lo que explica la afirmación absolutamente descabellada de que la expresión de opiniones en el aula o la asignación de materiales del curso podrían no solo ofender a los estudiantes sino poner en peligro su salud física.

Se trata de la pretensión, por otra parte incomprensible, según la cual, a fin de que los alumnos se sientan a salvo en el campus, ha de protegérselos (o, al menos, deben ser capaces de protegerse a sí mismos) de un discurso estresante que puede resultar tan perjudicial para su salud psicológica como un atraco, un abuso sexual o incluso una violación lo sería para su integridad física. Esta es la razón por la que la revolución de la diversidad, la equidad y la inclusión, la cual ha llevado a las universidades a garantizar un entorno acogedor para grupos antaño excluidos o marginados, haya venido a definirse empleando la terminología clínica de la seguridad.

Se podría objetar que, aun suponiendo la aceptación en este contexto del rechazo a toda distinción útil entre lo psicológico y lo físico, ello no justifica las reacciones (o sobrerreacciones, según se mire) ante afrentas más bien triviales, como la proyección, sin la advertencia de contenido correspondiente, de una versión cinematográfica de *Otelo* en una clase de la Universidad de Michigan en 2021, en la que Laurence Olivier interpreta el papel homónimo maquillado de negro o, más generalmente, el de las microagresiones: desaires al parecer banales que se tienen por todo menos por casos triviales de una violencia verbal causativa. La respuesta, según la psicóloga Lisa Feldman Barrett, la cual ha promovido la difusión de la idea de que el discurso de incitación al odio es violencia, es que, por sí mismo, un incidente aislado de discurso de incitación al odio puede no tener un efecto fisiológico, pero que «si sufres estrés crónico, es probable que las palabras se acumulen y lo agraven».[2]

Y, en opinión de muchas personas del entorno académico y de la sanidad pública, y hasta cierto punto del más amplio ámbito

125

clínico que suscribe en buena medida el análisis del identitarismo y la teoría crítica de la raza, los grupos antaño excluidos, sobre todo los negros y los indígenas, acceden a la universidad ya profundamente traumatizados desde el punto de vista fisiológico. Lo cual se explica en parte, sostienen los partidarios de este punto de vista, por los efectos del racismo institucional en la vida del individuo. Una versión de ello es la hipótesis del «desgaste», una teoría propuesta por primera vez por la investigadora en sanidad pública Arline Geronimus: el trauma de vivir como un negro en unos Estados Unidos injustos es perjudicial para la salud. Más relevante aún es la noción de que los negros, los indígenas y otros grupos marginados y oprimidos sufren lo que la Asociación Americana de Psicología denomina «trauma intergeneracional» o «histórico», definido como «fenómeno en el que los descendientes de una persona que ha sufrido un suceso aterrador muestran reacciones emocionales y conductuales adversas al suceso similares a las de la propia persona».[3]

En este sentido, los integrantes de grupos históricamente excluidos de la academia acceden a ella padeciendo en cuanto individuos ese trauma heredado de la experiencia histórica de sus propias comunidades. En consecuencia, las universidades tienen la responsabilidad de prestarles suma atención para evitar un trauma mayor; es decir, para garantizar que se sientan a salvo.

Los conceptos anteriores se derivan del ámbito de la sanidad pública y de la psicología clínica, ninguno de los cuales, en su historia, ha concedido importancia a la libertad de expresión y, por supuesto, no aceptarían el punto de vista liberal clásico para el cual dicha libertad de expresión merece alguna medida de protección especial. Ello no solo se debe a que la sanidad pública, como proyecto, es por definición colectivista y no individualista, sino a que también a menudo exige, en circunstancias urgentes, lo que Agamben denomina un «estado de excepción», en el que se derogan los derechos individuales para hacer frente a una amenaza existencial. Un ejemplo ha sido la furiosa reacción del sistema médico y de sanidad pública durante la pandemia de COVID-19, ante el hecho de que se permitiese a los escépticos expresar libremente sus opiniones en las redes sociales. Algunas asambleas estatales comparten este punto de vista, cuyo ejemplo más extremo es el de California, donde se aprobó una ley en otoño de 2021 que permite sancionar a los médicos por difundir «información falsa [sobre la COVID-19] que contradiga el consenso científico vigente contrario a las normas de atención».[4]

En retrospectiva, era inevitable que el concepto de trauma en la «sanidad pública», combinado con el abrumador consenso en el ámbito académico de que el principal cometido educativo es promover la transformación social en nombre de la justicia y de que, según una declaración emitida por la Universidad Estatal de Nueva York en 2018, hay un «vínculo inseparable entre la excelencia académica y la diversidad»,[5] colisionara con las normas ya asentadas sobre libertad de expresión en el seno de la academia. Desde la perspectiva de «la diversidad, la equidad y la inclusión», la libertad de expresión sin trabas, la dependencia de materiales del curso compuestos en su mayor parte por obras de hombres blancos e incluso los programas que presentan materiales de contenido sensible sin una advertencia, o las tres cosas, son componentes que garantizan el fracaso en los estudios —o al menos impiden en buena medida su culminación— de los alumnos de comunidades históricamente marginadas y oprimidas.

Mientras tanto, desde la perspectiva de quienes suscribían que la labor de las universidades era la libre investigación sin trabas, las advertencias y las exigencias de los alumnos[6] de no verse expuestos a materiales ofensivos y, por lo tanto, dañinos, representan otra suerte de amenaza existencial. En la cultura en que vivimos, desestructurada en lo fundamental, la posibilidad de encontrar un espacio común entre estas dos visiones parece cada vez más inalcanzable.

Sería un error tratar de analizar el auge de los avisos de contenido solo en el contexto del creciente predominio de las ideas basadas en la política identitaria y la teoría crítica de la raza en los campus universitarios de toda la anglosfera. En efecto, dichas advertencias se basan en la idea de que toda posibilidad realista de éxito en la inclusión de alumnos de comunidades antaño excluidas y marginadas depende de que estos se sientan a salvo. Una de las primeras declaraciones sobre la necesidad de estas advertencias, una carta abierta publicada en 2015 en el periódico estudiantil de Columbia, *The Spectator*, sigue siendo un excelente compendio de ese punto de vista. Citando de ejemplo las *Metamorfosis* de Ovidio, los autores, todos ellos integrantes de un grupo estudiantil denominado Junta Asesora de Asuntos Multiculturales, escriben sobre una alumna agredida sexualmente que «se ha sentido afectada al leer los detallados relatos de violaciones a lo largo de la obra». Pero, como el profesor se ha centrado en «la belleza del lenguaje y el esplendor de las imágenes al disertar sobre el texto [...], la alumna, para protegerse a sí misma, se ha desentendido completamente del debate en el aula. No se sentía a salvo en clase».[1]

En este sentido, los autores de la carta describieron las experiencias detonantes de una manera muy semejante al modo en que se definió el término cuando empezó a circular en los foros feministas de internet a finales de los noventa. Pero los alumnos de

Columbia se extralimitaron: «Muchos textos del canon occidental», escribieron, contienen «material detonante y ofensivo, que margina las identidades de los alumnos en el aula. Estos textos, forjados con historias y relatos opresivos y excluyentes, pueden ser difíciles de leer y debatir para un superviviente, una persona de color o un alumno de escasos recursos».[2] En principio, ello implicaba que todo texto que describiera demasiado explícitamente la opresión o la exclusión pudiera desencadenar efectos psicológicos y traumáticos (y, por ende, peligrosos para la salud) en los alumnos que hubieran sufrido dicha opresión o exclusión, por muy distinto que fuera el contexto histórico de la lectura asignada al de su propia vida.[3]

En su versión más amplia, la necesidad de una advertencia de contenido se ha aplicado incluso a obras escritas por integrantes de comunidades antaño oprimidas. Por ejemplo, en 2013, Oberlin recomendó al profesorado de literatura «eliminar el material detonante cuando no contribuya directamente a alcanzar los objetivos de aprendizaje del curso»[4] y advertir sobre su presencia en textos «demasiado importantes para pasarlos por alto». Sin embargo, Oberlin adujo como ejemplo de este tipo de texto la obra maestra del gran novelista nigeriano Chinua Achebe, *Todo se desmorona*, un libro que su colega, el también nigeriano (y premio Nobel) Wole Soyinka consideró como «la primera novela en inglés que se expresaba desde el interior de un personaje africano, en lugar de retratar al africano como alguien exótico, como lo vería un blanco».[5] Para ser justos, la dirección de Oberlin sí reconoció que la novela era «un triunfo de la literatura que todos deberían leer».[6] No obstante, advertía que *Todo se desmorona* podía «afectar a los lectores que han vivido el racismo, el colonialismo, la persecución religiosa, la violencia, el suicidio, etcétera.».[7] El documento notificaba además a los profesores que «consideren en profundidad el desarrollo de directrices para que el material sensible sea opcional» en todos los casos en que dichas tareas no «coadyuven directamente a los objetivos de aprendizaje del curso».[8]

La notificación de Oberlin se tiene a menudo por extrema, por no ser realmente representativa de las exigencias de los alumnos relativas a las advertencias de contenido. Quienes esgrimen este argumento señalan que, tras algunas reacciones del profesorado y la atención dedicada en los medios de comunicación al asunto, Oberlin retiró el documento. Pero en realidad este es relativamente moderado si se compara con lo que la profesora Jeannie Suk Gersen, de la facultad de Derecho de Harvard, escribió en *The New Yorker* en 2014. En su artículo, sostenía que «las actuales organizaciones estudiantiles defensoras de los intereses de las mujeres recomiendan habitualmente a las alumnas que no cedan a la presión de asistir o participar en clases que traten la legislación sobre violencia sexual y que por ello podrían resultar traumáticas».[9] Algunos de estos grupos no solo exigían que los profesores de derecho penal advirtieran sobre los posibles detonantes antes de impartir clases sobre dicha legislación, sino que, según Suk Gersen, «las alumnas, a título individual, a menudo piden a los profesores que no incluyan la legislación sobre violación en las evaluaciones por temor a que el material les impida rendir más».

En términos generales, Suk Gersen describió un nuevo contexto pedagógico en el que «el aula se ha convertido en un entorno potencialmente traumático» para muchos alumnos, en el que «han empezado a anticipar los daños emocionales que podrían sufrir o infligir en una conversación en clase». Por ende, se mostraban «más inclinados a insistir en que los profesores los protejan de provocar o experimentar malestar, y aquellos, a su vez, están más dispuestos a complacerlos, porque se consideraría injurioso no reconocer el trauma o el trauma potencial de un alumno». Para Suk Gersen, semejantes exigencias, aunque, sobre todo, las interpretaciones y expectativas subyacentes, son análogas a las de un «estudiante de medicina que se forma para ser cirujano, pero que teme angustiarse si ve o manipula sangre», y exige que sus profesores intervengan.

Sin embargo, el equivalente de tal exigencia se ha normalizado en las humanidades. Es lo que esperan muchos alumnos, una pretensión que muchos profesores han llegado a considerar razonable, quizás incluso un avance pedagógico. Por ejemplo, no les parece impropia, represiva o censoria la reciente publicación por parte de la Universidad de Greenwich y la Universidad de Glasglow de una advertencia de contenido en un módulo sobre literatura gótica, la cual alerta de que la obra de Jane Austen está impregnada de sexismo, contiene «estereotipos de género» y retrata «relaciones y amistades tóxicas».[10] Incluso la decisión de la Universidad Highlands and Islands de Escocia de añadir una advertencia al clásico de Ernest Hemingway *El viejo y el mar*, en la que se alerta a los alumnos de las «escenas explícitas de pesca» del relato, resulta especialmente extraña, pues la universidad en cuestión está ubicada en una región en la cual cabe suponer que buena parte del alumnado procedía de familias que se habían ganado la vida pescando desde siempre.[11]

A diferencia de Suk Gersen, muchos profesores no se oponen a dichas exigencias. Y son categóricos al aseverar que las peticiones de alertas sobre contenidos no las imponen los administradores, sino que proceden de los propios alumnos. Un portavoz de la Universidad de Greenwich respondió a las preguntas de los medios de comunicación sobre el aviso que precede a *La abadía de Northanger* en estos términos: «Las advertencias de contenido se difundieron por primera vez en julio de 2021, en respuesta a las peticiones de los alumnos transmitidas al cuerpo docente por medio de sus representantes durante el curso académico 2020-2021. Se acordó que las advertencias debían incluirse en las listas de lecturas, para que los alumnos pudieran tenerlas presentes antes de enfrentarse a cada texto».[12] Timothy C. Baker, profesor de literatura en la Universidad de Aberdeen y excelente especialista en la obra del gran poeta escocés George Mackay Brown, me escribió en un intercambio en X que, si bien se habían hecho esfuerzos en su departamento por «estandarizar las prácticas», el proceso había seguido «las directrices de los académicos». En opinión de Baker, esas «notas de contenido» —con buen juicio, prefiere ese sintagma a «advertencias de contenido»— no serían necesarias si sus alumnos «leyeran por placer [...], pero como leen para ser evaluados, creo que es justo advertirlos». Para Baker, dichos avisos no deberían objetarse más que la categorización de películas habitual que difunde la Junta Británica de Clasificación Cinematográfica (BBFC).

La objeción a este argumento es que el sistema de la BBFC, que comprende desde U —apta para todos los públicos— hasta 18 —apta para adultos— y R18 —obras para adultos solo en recintos autorizados—, determina la pertinencia por edades, como informa el sitio web de la BBFC, y propone «una clasificación y consejos sobre el contenido de las películas y otros contenidos audiovisuales que permitan a los niños y sus familias elegir lo que es apropiado para ellos y evitar lo que no lo es».[13] En el caso de las advertencias de contenido destinadas a los alumnos, al menos en el sentido cauto y mesurado en que las conciben académicos como Timothy Bradley, no se trata de aconsejar a las familias sobre lo que sus hijos no deberían ver. Por el contrario, está más cerca de un punto de vista radical sobre lo que son las advertencias de contenido: algo que debería dar a los alumnos la opción de no leer un libro determinado, de no ver una imagen determinada (como el reciente caso en la Universidad de Hamline, donde una alumna musulmana adujo una suerte de violación personal en una clase virtual al verse expuesta a una imagen del profeta Mahoma) o, como cuenta Jeannie Suk Gersen en su artículo del *New Yorker*, de no verse obligados a leer (o a responder en una evaluación a) un determinado pasaje de la jurisprudencia.

Una expresión más airada de la postura de Bradley fue la de Matthew Creasy, distinguido especialista en Joyce de la Universidad de Glasgow, que defendió su decisión de adjuntar una advertencia sobre contenidos a un curso que impartía sobre el escritor irlandés. En esa alerta, Creasy escribió: «Examinaremos textos con referencias explícitas a cuestiones sexuales [...]. Reconocemos que a algunos alumnos puede parecerles difícil y ofensivo parte del lenguaje y las posturas sobre la raza, el género y la identidad nacional que debatimos en relación con la obra de Joyce».[14] Mientras arreciaban las críticas y las burlas a la advertencia, sobre todo en los medios de comunicación de derechas de Gran Bretaña e Irlanda, Creasy defendió airadamente en X su decisión. «No me abochorna ni me avergüenza hacer recomendaciones sobre los contenidos —tuiteó—. Los incluyo en todos mis cursos para ayudarnos a preparar conversaciones maduras sobre temas para adultos. Es difícil y no siempre lo consigo: adapto mis clases y aprendo de mis alumnos constantemente».[15] No obstante, Creasy no abordó la cuestión de por qué un alumnado que pretendía leer los materiales (los alumnos como los que estudian Derecho con la profesora Suk Gersen pertenecen a una categoría distinta) sentían ahora el imperativo de tal advertencia, cuando no la habían precisado hace apenas veinte años.

Dada la constante intrusión en la vida académica de la idea según la cual los estudiantes deben ser salvaguardados de contenidos traumáticos, e indudablemente no obligados a encararlos, es difícil no pensar que los profesores Creasy y Baker son como los mencheviques en Moscú en 1917, y que podrían correr su misma suerte a manos de las reivindicaciones morales más radicales formuladas en las advertencias de contenido, como les ocurrió a aquellos en manos de los bolcheviques. En parte porque, a pesar del modo en que la crítica presenta el fenómeno de las advertencias de contenido, en la derecha y entre muchos liberales (en el sentido estadounidense), como otro componente de la *wokización* y la *teoríacriticadelaracización* de la academia a lo largo y ancho de la anglosfera, la reclamación de salvaguardas parece haber permeado toda esta sociedad: se trata de una transformación cultural que probablemente se halle en la raíz de la percepción estudiantil (en mi opinión, sincera y de buena de fe, cabe aclarar) de que las advertencias de contenido son necesarias, más que el triunfo de una teoría crítica y un identitarismo ideológico represivos en los campus universitarios desde Melbourne hasta la isla de Skye.

Basta que los escépticos vean cómo, por mucho que se hable del niño contemporáneo como una suerte de monarca cuyas opiniones se suponen en el mismo plano que las de un adulto y sobre el que los padres ya no pretenden hacer valer su autoridad, los niños están en realidad mucho más constreñidos, sobre todo en su libertad de movimiento. Comparemos un parque infantil actual con uno construido hace cincuenta años y lo primero que advertiremos es cuánto empeño se ha puesto en asegurar que, si el niño cae, haya muchas menos posibilidades de que se haga daño. Y en el mundo de los adultos (al menos según la Norma Global burguesa, es decir, el mismo mundo del que proceden la mayoría de los estudiantes universitarios), la felicidad y el llamado bienestar son casi sinónimos en la práctica. Los estudiantes que quieren evitar que los traumaticen y los lastimen con contenidos detonantes redactan esta reivindicación empleando el lenguaje de la justicia social, la diversidad, la equidad y la inclusión, y en los imperativos de no volver a experimentar un trauma sexual. Como tal se presenta demasiado a menudo (incluso por sus defensores) como una ruptura radical con la sociedad burguesa. Pero los paralelismos entre estas reivindicaciones y las de la salud son demasiado patentes para que lo anterior resulte del todo persuasivo. Con ello quiero decir simplemente que el componente woke puede ser parte del relato, pero dudo que ni mucho menos sea todo el relato. No me queda nada claro que siquiera sea el componente principal del relato.

Un ejemplo, para concluir: todo aquel que vea Netflix u otras plataformas semejantes recordará las advertencias que suelen aparecer al comenzar la película o el programa. Estas mencionan la violencia, los desnudos, el sexo explícito, etcétera. Pero además es habitual que otro componente sobre el contenido figure también: se fuma. El mensaje no puede ser más claro: el mero visionado de un actor fumando en una película, o bien desencadena en el espectador el deseo de fumar o bien retrata algo terriblemente afrentoso para los sueños del bienestar. Así que si los alumnos de hoy son la generación de cristal, como sostienen muchos en la derecha —probablemente con razón—, la cruda realidad es que todos nosotros también lo somos.

The Oracle, la gaceta estudiantil de la Universidad de Hamline, donde se despidió a un profesor por haber mostrado en clase una miniatura persa del siglo XIV, con un retrato del profeta Mahoma, ha llevado más lejos las acciones universitarias. Es de agradecer en un sentido que la institución defendiera llanamente la censura. Como declaró su rectora, Fayneese Miller, en un mensaje dirigido a todo el personal y al alumnado: «El respeto en el aula a los musulmanes practicantes debió haber prevalecido sobre la libertad de cátedra».[1] *The Oracle* sobrepasó a la rectora. Tras publicar una carta del director del Departamento de Religión de la universidad en defensa del profesor, los editores de la gaceta se retractaron y retiraron el escrito, arguyendo que algunos alumnos habían expuesto que la misiva «los había herido».[2] Los editores proclamaron que, aunque su tiempo en Hamline les había enseñado «la importancia de ver las cosas desde perspectivas matizadas [...], el trauma y la experiencia vivida no son objeto de debate».

La franqueza es refrescante, insisto, aunque cabe preguntarse en qué estaban pensando al exaltar el «matiz». Pues la declaración de los editores es señal del triunfo de la noción —ya lugar común en el ámbito académico— de que no solo se tiene el derecho a sentir lo sentido y a creer lo creído, sino que todo desafío a las propias creencias y toda afrenta a los sentimientos propios son traumáticos y, por ende, moralmente intolerables. Los editores afirman orgullosos que *The Oracle* «no participará en [tales] conversaciones». En cambio, se comprometen a seguir luchando como «partícipes en el trayecto hacia una institución y una sociedad más justas y equitativas».

Pero, para alcanzarlas, el requisito previo es el estado de excepción de Agamben, que en el contexto académico adopta la forma de una ley marcial lingüística sobre la que realmente se basa la rectora de Hamline para despedir al profesor, así como los compungidos editores de su gaceta estudiantil para retirar la objeción a dicho concepto que representaba la carta de uno de los profesores. Todo lo cual encaja con la actual concepción emancipadora del proyecto de las humanidades universitarias. Es indicativo de la indigente imaginación política de nuestra época que un proyecto fundamentalmente terapéutico pueda confundirse con uno moral. La subjetividad, entonces, es la nueva objetividad, y el sentimiento, el nuevo tema vedado.

El libro de estilo de la Associated Press es uno de los principales manuales que utilizan los periodistas estadounidenses. Como tantos otros —no solo entre las instituciones lexicográficas como los diccionarios y las universidades, sino, lo que es más elocuente, en la empresa y sobre todo en el sector tecnológico estadounidenses—, el de la AP ha pasado en los últimos años a recomendar y, de hecho, a ganar prosélitos en pro del llamado lenguaje inclusivo. En todo caso, la AP ha sido en efecto más cauta que, por ejemplo, la Chartered Insurance Institute, la asociación británica de los profesionales de seguros, cuyas «Normas de lenguaje inclusivo» tienen como propósito «galvanizar la inclusión» y «crear un ambiente más acogedor», un paso esencial en lo que la CII ha descrito como «el viaje hacia la diversidad y la inclusión» del ramo de los seguros.[1]

Al igual que en la reciente «Iniciativa para la Eliminación del Lenguaje Nocivo» de la Universidad de Stanford —que recomienda sustituir «americano» por «ciudadano estadounidense», pues «el término a menudo solo se refiere a personas de Estados Unidos, insinuando por tanto que Estados Unidos es el país más importante de América, compuesta por 42 países»—,[2] dirigida a sus departamentos de tecnología de la información, el propósito de estos códigos discursivos cada vez más prevalecientes es el de participar, en palabras de otro índice (en el sentido católico romano), la «Declaración sobre el Lenguaje Nocivo», de la Biblioteca

137

Gleeson de la Universidad de San Francisco, en «los proyectos de reparación en curso para identificar la descripción dañina, para remediar el lenguaje nocivo cuando sea posible y, cuando no lo es, abogar por el cambio».[3]

Como en tantos aspectos de lo woke, hay en ello un grano de verdad, un elemento que a menudo los antiwoke se niegan a reconocer. Está muy bien burlarse de que Stanford proscriba «americano» porque podría excluir a los latinoamericanos, o de que los muy difundidos llamamientos entre quienes prefiero llamar, en mis momentos más caprichosos, «comunidad censora» —pues todo parece ya ser una comunidad— se opongan al término *grandfathered* [protegido], porque se considera «edadista», si bien ya nadie piense en serio que algunas expresiones que hasta hace bien poco se cursaban respetablemente en Estados Unidos —como «judiada» por engaño o «muy blanco» por algo muy decente u honorable— deberían ser tolerables. Al igual que en el debate sobre las estatuas y el cambio de nombre de las calles, no se trata de consideraciones moralmente tolerables, sino de dónde debería fijarse el límite entre lo que los redactores de la Declaración de Independencia definían como males insoportables y los que no lo son. Me parece, por ejemplo, que una bandera confederada sobre el capitolio estatal o las estatuas en honor de los caudillos de ese separatismo traicionero se sitúan en un lado de esa divisoria, en tanto que llamar al derribo de estatuas de Gandhi por su racismo antinegro —lo cual ha ocurrido en algunos lugares de Estados Unidos y Canadá— cae en el otro lado, aunque el racismo de Gandhi sea incontrovertible.

Que la modalidad de ley marcial lingüística que actualmente se institucionaliza en la anglosfera sea inteligente o lícita es otro asunto. No se debe a que determinado lenguaje no sea ofensivo —insistir en ello sería absurdo—, sino más bien a que en nombre de la inclusión y la reparación, el agravio de la ofensa se ha magnificado hasta el fetichismo. Hace unas décadas, Robert Hughes escribió un libro brillante titulado *La cultura de la queja*. Si estuviera hoy vivo tendría que titularlo *La cultura de la ofensa*. Es la cultura en la que, si somos realistas, todos estamos destinados a vivir en un futuro previsible.

Pero la controversia más bien cómica sobre el actual libro de estilo de la AP saca a la luz una profunda contradicción moral e intelectual en la cultura de la inclusión. En X, la AP ha declarado que «recomendamos evitar las etiquetas generales y a menudo deshumanizadoras que introduce el artículo "los", como en los pobres, los enfermos mentales, los franceses, los universitarios... Y en su lugar, utilizar fórmulas como "personas con enfermedades mentales". Pasando a emplear esas descripciones solo cuando son evidentemente relevantes».[4] La posterior oleada escarnecedora en las redes sociales, que llevó a la embajada francesa en Washington a declarar con sorna que a partir de ese momento debía referirse a sí misma como «Embajada de la francesidad en Estados Unidos», pronto obligó a la AP a retractarse y tuitear —¿qué si no?— que su entrada anterior había sido «involuntariamente ofensiva».

Lo más interesante fue la respuesta de la vicepresidenta de comunicación corporativa de la AP, Laura Easton, al intentar atemperar las críticas. «La referencia a "los franceses", así como la referencia a los "graduados [universitarios]" —declaró a *Le Monde*—, es un esfuerzo por mostrar que los marbetes con "los", aunque se perciban por costumbre como positivas, negativas o neutras, no deberían usarse para nadie».[5] Tras la respuesta de Easton, la AP expuso en su cuenta de X la lógica del organismo: «Hemos eliminado un tuit anterior —decía—, al referirnos incorrectamente a las personas francesas. No fue nuestra intención ofender. Escribir personas francesas, ciudadanos franceses, etcétera, está bien. Pero los términos que usan "los" para cualquier colectivo pueden parecer deshumanizadores y presuponen un monolito en lugar de una diversidad de individuos».[6]

Sean cuales fueren las opiniones que tengamos sobre la materia, la lógica del lenguaje inclusivo es coherente en la medida en que se trata de un esfuerzo por suscitar rectificaciones y reparaciones históricas de pecados (lingüísticos) cometidos en el pasado por la cultura dominante, a fin de crear las condiciones léxicas que permitan a los excluidos ser incluidos —los últimos serán los primeros, etcétera— y que las actitudes negativas sean sustituidas por otras más positivas y tolerantes. Pero el planteamiento de la AP es, a la vez, menos militante y más radical. El uso de «los» es por definición deshumanizador, porque, como se señala en X, supone una visión monolítica, al margen de que el monolito en cuestión se describa negativa, positiva o neutralmente (sea lo que fuere un «monolito neutral»).

Y, sin embargo, toda la orientación del tsunami identitario que se ha estrellado en nuestras costas sociales y morales parece relacionada con la defensa y validación de la identidad de grupo y, de hecho, con la insistencia de que esta se reafirme sin discusión. En ese sentido se refiere a la crítica del individualismo en favor de las comunidades afines, al igual que el concepto de equidad en lugar del de igualdad ha sido una crítica de la supuesta primacía de los derechos individuales sobre los derechos colectivos.

La defensa de la AP de sus restricciones contra la descripción de las personas basada en su pertenencia a colectivos porque son deshumanizadoras propone algo distinto: que bajo la piel de las políticas identitarias, el cráneo del individualismo permanece intacto. Pues el individualismo siempre reclamaba que cada cual debe ser tratado no como miembro de un grupo, sino como soberano de su propia identidad, de transformarla según su arbitrio, inventándose o reinventándose si hace falta. Las identidades de boutique de nuestra época, que a menudo se describen erróneamente como una balcanización, son de hecho una operación de falsa bandera del individualismo, si bien, en este caso, nadie está más engañado que quienes la ejecutan.

A pesar de todas las burlas que concita, en general el llamado lenguaje inclusivo o de «primero la persona» goza de aceptación entre las clases profesionales y gerenciales, no solo en el ámbito académico, las artes y la filantropía, sino también en el mundo empresarial. Al igual que el tsunami de la diversidad, la equidad y la inclusión en las sociedades de la anglosfera, habría que tener el corazón de piedra para afirmar con rotundidad que se está en contra de ello por un principio inalterable. Se puede decir, como suelen sostener los marxistas disidentes cuando se los confronta con el hecho de que todos los regímenes comunistas existentes han sido —en el mejor de los casos— un desastre económico y moral, que se está en contra de la DEI «realmente existente», es decir, tal y como florece actualmente en, digamos, los campus universitarios o en las asociaciones médicas. Pero muy poca gente suscribiría la frase: «Me opongo a la inclusión». Del mismo modo, cuando los innumerables partidarios del lenguaje inclusivo defienden su necesidad, por citar una entrada muy representativa de Thesaurus.com, basándose en que ofrece «una manera de evitar definir a una persona solo por su discapacidad, condición o diferencia física»,[1] difícilmente alguien dirá: «No, en realidad prefiero definir a las personas por esas condiciones». Y a diferencia de la DEI —que en la práctica es una ideología que, como todas, exige que al menos de boquilla se respeten sus principios—, el lenguaje de «primero la persona» es muy poco exigente.

Para que no queden dudas, de cuando en cuando se excede, como en el caso del mencionado manual de Stanford para el lenguaje inclusivo en el sector tecnológico de la universidad, en el que se pedía a la gente que dejara de utilizar la palabra «americano» y la sustituyera por «ciudadano de Estados Unidos» aduciendo que, como América está formada por 42 países, la otra opción «[insinuaba] que EE. UU. es el país más importante de América».[2] Tras la parodia de los medios de comunicación y, sin duda, también las protestas de sus benefactores, la administración de la universidad intervino de inmediato y la entrada se retiró enseguida.

Aunque, a grandes rasgos, mientras que es un blanco merecidamente fácil para el escarnio —como en el caso de la recomendación de PETA, el grupo en defensa de los derechos de los animales, de sustituir la expresión «matar dos pájaros de un tiro» por «alimentar dos pájaros con un bollo», y eat crow [«comerse un cuervo»: tragarse las palabras], por eat snow [«comer nieve»], basándose en que perpetuaban la violencia contra los animales y eran «especistas», lo que, según PETA, en el siglo XXI, no debería ser más tolerable que ser racista—,[3] el lenguaje inclusivo ha suscitado muchas burlas, pero poca oposición. Acaso debería ocurrir lo contrario. Pues en su modalidad más radical, y que ya goza de plena aceptación, el lenguaje inclusivo es del todo congruente con el proyecto identitario y «antirracista» ya manifiesto en la DEI. No a todos los activistas de la DEI les agrada que el «especismo» se ponga en el mismo plano que el racismo o la homofobia, pero eso es justo lo que PETA se ha propuesto. «Las palabras importan —declaró el grupo en respuesta a dicha crítica—, y, a medida que evoluciona nuestra comprensión de la justicia social, nuestro lenguaje evoluciona con ella».[4]

Es cierto, por supuesto, pero el proyecto del lenguaje inclusivo no está precisamente dispuesto a esperar esa evolución. Incluso en la muy modesta medida en que se ha producido una evolución social, es la evolución de los propios militantes lo que ha tenido lugar: un estado de conciencia que esperan que la sociedad en su conjunto alcance ya de algún modo. En efecto, muchas metáforas lingüísticas se extraen de las actividades llevadas a cabo por las personas en una época determinada y tienden lentamente a perder su relevancia a medida que dejan de realizarse. Y parece razonable predecir que una sociedad en la que hay cada vez menos cazadores se inclinará siempre por las metáforas derivadas de la cinegética, al igual que una sociedad centrada en la tecnología no renunciará pronto a una palabra como «ancho de banda», cuyo significado original es la capacidad de transferencia de datos de un sistema de comunicaciones electrónicas, pero que ahora también significa la capacidad que siente la gente de hacer algo en todos los terrenos, como expresar su tolerancia o capacidad para lidiar con las tonterías de los demás.[5]

Pero, insisto, esta idea de que la evolución, en el sentido de la transformación de las actitudes y creencias sociales de las personas, puede «acelerarse» es distintiva de nuestro presente electrónico, el cual puede acelerarse aún más ante la inminente era de la inteligencia artificial. Muchas personas son ya incapaces de ver una serie en Netflix sin estar constantemente enviando mensajes por teléfono o publicando en sus páginas de Facebook, por no hablar de leer (no de hojear) una novela larga. No es de extrañar, por tanto, que —por usar el ejemplo de PETA— un activista en pro de los derechos animales exprese más que una mera impaciencia por el cambio de las actitudes humanas hacia estos. Los activistas siempre se han sentido así. Lo que ha cambiado es que ahora no ven por qué han de estar obligados a esperar. Si puede seguirse hablando de evolución, es entonces una evolución entendida como vanguardismo político.

Otro componente clave es la certidumbre contemporánea de que podemos, a todos los efectos, cambiar nuestras identidades —lo cual, por supuesto, incluye las actitudes sociales— a nuestro arbitrio en la práctica. La gente horrorizada por el movimiento trans suele buscar explicaciones conspirativas: por ejemplo, que de algún modo la teoría crítica universitaria engendró la teoría queer y esta, con muchas otras corrientes del pensamiento académico, engendró la ideología identitaria (que se considera a sí misma de izquierdas; si lo es o no es una cuestión abierta) y el «antirracismo» al estilo DiAngelo. Pero una explicación mucho más verosímil es que la celeridad —no solo en el sentido de aceleración de la historia propuesto por Daniel Halévy, sino en su sentido antropocénico de aceleración de las expectativas— ha desempeñado una función mucho más importante en la creación de movimientos que, en épocas anteriores, tardaban décadas y a veces siglos en cristalizar, ganar adeptos y extender su influencia, antes de acabar sustituyendo al sistema que pretendían derrocar, y tiene la capacidad de transformar actitudes en lo que, desde el punto de vista histórico, es un abrir y cerrar de ojos.

El triunfo de la subjetividad radical, convertida ya en el modo dominante de comprensión tanto del mundo como del yo, habría sido imposible sin lo que el crítico literario Peter Brooks ha descrito como «la apropiación de la realidad por parte del relato». O, en palabras de Terry Eagleton: «Eres el relato que creas sobre ti mismo». Y el relato no puede cuestionarse porque... bien, porque *tú* mismo lo estás contando, y solo tú puedes saber cómo te sientes. Esta manera de entender el mundo y la identidad sustenta la creciente convicción de que, si un niño de nueve años dice que su género está mal asignado, la afirmación no puede cuestionarse lícitamente, sino que debe aceptarse sin discusión.

En este mundo de *Alicia en el país de las maravillas*, la subjetividad se convierte en la racionalidad superior, en tanto que la irracionalidad, juzgada históricamente como parte de la subjetividad, se considera ya como un rechazo a la índole moral y socialmente terminante de la propia descripción de un individuo. Y si bien se sigue aceptando la validez del concepto de represión psicológica —por ejemplo, el individuo puede tardar mucho tiempo en comprender su verdadera naturaleza, su verdadera identidad, a causa de las normas y estructuras opresivas de la sociedad—, ya solo un opresor invocaría el concepto de autoengaño para tratar de impugnar el relato que un individuo se cuenta a sí mismo. Pero sin este concepto, toda autocrítica real es imposible, salvo la de la propia crítica por no haber llegado a contar antes el (auténtico) relato personal. Es el triunfo de lo terapéutico, en efecto, pero no como en Freud, porque se trata del psicoanálisis despojado de la tragedia, del reconocimiento, como escribió Unamuno, de «la verdad verdadera, lo que es independiente de nosotros» y, por ello, fuera del alcance de nuestra lógica —la nueva subjetividad, obviamente, nada le objeta—, pero también de nuestro corazón.

El ámbito del arte parece estar fusionándose con el ámbito de la medicina (sobre todo en la salud pública, aunque no solamente). Richard Horton, editor de la ya hiperwoke *The Lancet*, emprende una campaña en pro de lo que llama, emulando al novelista y profesor Viet Thanh Nguyen, la «memoria justa» en medicina: talleres sobre una presunta medicina narrativa. Mientras tanto, un aspecto esencial de la función del arte desde la perspectiva «antirracista» al estilo Kendi-DiAngelo y woke es la de *curar*. Por ello, cuando la directora de la Bienal de Liverpool, Sam Lackey, comunicó el nombramiento de la conocida comisaria y artista sudafricana Khanyisile Mbongwa como curadora de la convocatoria de la Bienal en 2023, destacó «sus sólidas preocupaciones curatoriales en torno al cuidado y la reparación».[1] La propia Mbongwa había acarreado ya un lenguaje medicalizado aún más ambicioso al referirse a su práctica de comisaria como «curación y cuidado».

En este ámbito, quienes se oponen a los cursos de «antirracismo», convertidos ya en parte integral del Estados Unidos universitario y empresarial, tratan al que participa en los cursos, pero no acepta sus panaceas, como si fuera un caso de negación psicológica, si no de franco comportamiento patológico. El racismo, se puede leer constantemente en *The Lancet* y en otras publicaciones, es una emergencia de salud pública. No pongo en duda la sinceridad de la gente que así se expresa (siempre me ha parecido que casi nunca

147

nos equivocamos al suponer que la mayoría de las personas cree que está haciendo lo debido). Pero el efecto de dicha medicalización es la despolitización. Una crisis de salud pública es una crisis de salud pública; el único debate, en este sentido, ha de entablarse sobre el tratamiento adecuado de la enfermedad, no sobre el diagnóstico. Y todo aquel que lo cuestione se convierte en un negacionista de la realidad, un «deplorable», como diría Hillary Clinton, un antivacunas del alma.

Lo woke es una suerte de ley marcial en cierto sentido, un necesario confinamiento para hacer frente a la pandemia moral de los supremacistas blancos. Los woke no se consideran a sí mismos censores, o al menos no más que cualquier progresista ajeno a lo woke. Y en ello no se equivocan. Al fin y al cabo, la mayoría de las personas que no creen que se deban retirar las estatuas de Cecil Rhodes exigirían que se retirara una de Adolf Hitler. El meollo es el de la fijación de los límites. Pero la dificultad radica en que la medicalización del debate sitúa lo woke y el «antirracismo» por encima de toda controversia, al igual que las personas razonables piensan que una respuesta de salud pública a una pandemia es ajena a toda controversia, excepto, tal vez, por que no llegue lo bastante lejos. En esta versión del mundo, las artes sirven como «parte de la solución», como reza el espantoso (y falso) binomio, poniendo de su lado para curar al mundo.

La afirmación es absolutamente desmesurada y, por ello, cabalmente propia de estos tiempos de hibris. El arte nunca ha curado de nada. Pero inténtese sostener tal cosa en el actual ámbito del arte y véase qué sucede.

Conviene recordar completa la definición de lo kitsch de Milan Kundera: «Lo kitsch —escribe— provoca dos lágrimas de emoción, una inmediatamente después de la otra. La primera lágrima dice: ¡qué hermoso, los niños corren por el césped! La segunda lágrima dice: ¡qué hermoso es estar emocionado junto con toda la humanidad al ver a los niños corriendo por el césped! Es la segunda lágrima la que convierte lo kitsch en kitsch».[1] Y concluye: «La hermandad de todos los hombres del mundo solo podrá edificarse sobre lo kitsch». Lo woke es esa segunda lágrima.

Las celebraciones de Año Nuevo de 2023 en Sídney, Australia, fueron en su mayoría de temática woke y DEI. Solo el espectáculo de fuegos artificiales propiamente dicho, al filo de la medianoche, no estuvo explícitamente politizado. Se ofreció una «Ceremonia sagrada de incensación oficiada por persona guerrera tribal» (omitido el artículo: definido o indefinido, presuntamente adrede: habría que ser en verdad la reencarnación de Karl Kraus para burlarse de ello como corresponde). Luego estaban los «Fuegos artificiales de llamado al país», en los que un conjunto «diverso» —a diferencia, presuntamente, de uno «uniforme»— de artistas indígenas ofrecían «conexiones entre la tierra, el agua y el cielo a fin de reflexionar sobre el pasado y fortalecerse para el futuro». Y, una hora antes de que finalizara 2022, se dio la «bienvenida» [sic] al Orgullo Mundial 2023 «con una espectacular proyección e iluminación de los contrafuertes que celebran nuestra comunidad».[1]

Lo woke es efectivamente más extremo en Australia y Canadá que en el Reino Unido, por no hablar de Estados Unidos, un país que, lo adviertan o no los estadounidenses antiwoke, se está quedando un poco a la zaga en la adopción de la ideología de la clase profesional y gerencial. Pero Sídney no fue la única en poner el acento en lo woke. En Londres, por ejemplo, los tres temas principales del festival fueron sendos homenajes a la difunta reina Isabel, a Ucrania y a la celebración del quincuagésimo aniversario del

150

Orgullo de Londres, rematada con un mensaje de Peter Tatchell, del Frente de Liberación Gay [*sic*].[2]

Esto llevó al sindicalista británico Paul Embery a preguntar con tono lastimero en su cuenta de X: «¿Alguno tiene la sensación de que esta politización incesante de cada aspecto de nuestra vida pública, entre ellos hechos tan rutinarios como las celebraciones de Año Nuevo, se está volviendo inequívocamente rara?».[3] La vida pública, añadía, «se está convirtiendo en un gran sermón moral». Como cabía esperar, esto provocó un aluvión de reproches a Embery en su cuenta, en los cuales se lo acusaba, sobre todo, de falta de empatía. «¿Alguna vez has pensado —preguntó @Jenki_uk— qué sentirá una de esas personas que sufren en Ucrania o que todavía son discriminadas/atacadas a diario como parte de la comunidad LGBT al ver un mensaje de apoyo público como este?».[4] Y es ahí donde se sitúa el límite: donde personas como Embery (y yo, y todo el que comparte la opinión de @Jenki_uk como un simple acto de empatía moral) ven una implacable bravuconería moral, y toda crítica es, como mínimo, un defecto moral y, más probablemente, una prueba de que quien expresa esas dudas es, en el fondo, antitrans, antiucraniano, etcétera. Por ello, ninguna persona decente debería vanagloriarse de su felicidad sin sentirse igualmente impulsada, *al mismo tiempo*, a vanagloriarse de su virtud, es decir, de su empatía, su solidaridad y su compromiso con un futuro mejor y más justo. Pero se pretende un mayor alcance. El supuesto subyacente es que cada vez es menos posible *ser* feliz en un sentido moral tolerable a menos de que también se *sea* virtuoso. Desde ese punto de vista, el «gran sermón moral» no es la carga que ahora conlleva sentirse alegre, sino el requisito previo de la alegría. Es decir, no se trata de una imposición, no solo de un aprendizaje moral, sino de un favor *psíquico*. Por ello, a menudo parece que la distopía en la que hemos entrado no es ni *1984* de Orwell ni *Un mundo feliz* de Huxley, sino más bien *1984* reescrito por Huxley.

Aunque resultó realmente profético, a diferencia de *1984* de Orwell (salvo por el importante concepto de la neolengua), Huxley no previó en *Un mundo feliz* que semejante homogeneización radical pudiera producirse mientras se arropaba en la botarga de la individualidad o, dicho de otro modo, que la conformidad pudiera alcanzarse con igual fortuna por medio del fetichismo de la autenticidad así como por su represión. Cuando escribió que «un Estado totalitario en verdad eficiente sería aquel en que un todopoderoso ejecutivo de dirigentes políticos y su tropa de administradores dominaran a una población de esclavos que no precisan de coacción, pues les encanta la servidumbre»,[1] parece haber imaginado que, si las personas no podían ser condicionadas a ser «felices como ya son», se rebelarían. Pero especulaba empleando demasiados binomios —servidumbre o rebelión, deseo o destino—, imaginando que el uno excluía al otro, y que la rebelión no podía ser la manera en que actualmente vivimos nuestra certidumbre y la sensación de que somos capaces de satisfacer todos nuestros deseos al igual que vivimos la tragedia de nuestro destino.

En el fondo, se excluyen mutuamente, en efecto, pero no en el sentido mecánico que imaginó Huxley. *Un mundo feliz* es, explícitamente, un libro «fordista», al punto de que, en su sociedad imaginada, el tiempo histórico comienza d. F. (después de Ford) en lugar de d. C. (después de Cristo). Todos somos, al menos hasta un límite, prisioneros de nuestra propia época, y no se puede criticar con justicia a Huxley por imaginar que el modelo más acabado de una sociedad capitalista es el de la cadena de montaje fordista, cuya eficiencia depende de la tipificación y la voluntad de conformidad. Pero, visto desde el horizonte de 2024, el fordismo fue una etapa entre otras en la historia del capitalismo, y no su culminación, sin duda, al igual que probablemente la presente etapa tampoco lo sea, a pesar de todas las ilusiones entre los progresistas de que esta es la «era del capitalismo tardío». Pero lo que sí sabemos con certeza sobre el capitalismo contemporáneo es que se debe más a la idea de destrucción creativa de Schumpeter que al estado estable en que se apoyó el fordismo. Lo cual supone que nuestra conformidad, nuestra disciplina social para que sus integrantes se reconcilien con el destino, es muy diferente de la disciplina que concibió Huxley.

Porque nuestro capitalismo es el de una casi infinita segmentación de mercado, la cual, por supuesto, es la razón por la que el progresismo identitario contemporáneo de la clase profesional y gerencial en Occidente —sobre todo en la anglosfera (cuya hegemonía política podrá no ser lo que era, pero cuya supremacía cultural es tan hegemónica como siempre)— encaja cabalmente en este sistema económico, dado que una infinita diversidad, al menos en potencia, de nuevas identidades supone una cantidad potencialmente infinita de nuevos productos. Ya que la fabricación de deseos ha demostrado una rentabilidad mucho mayor que la fabricación de automóviles —¿y qué otra cosa es la revolución tecnológica sino la fabricación de deseos?—, lo que menos necesita el capitalismo del siglo XXI es volver al mundo de la cadena de montaje fordista. Huxley imaginó que, a la postre, habría que disuadir a los seres humanos de satisfacer sus deseos e intereses personales a fin de mantener el orden social. Pero, a fin de mantener nuestro mundo, se precisa de la persuasión para convencerlos de que dichos deseos los distinguen singularmente, en lugar de volverlos emblemas de la nueva conformidad en el simulacro.

Lo cual no implica que el capitalismo contemporáneo sea menos dependiente de la obtención del consentimiento condicionando a las personas no solo a aceptar, sino a complacerse en su destino. Es que más bien nuestro condicionamiento depende de una droga distinta al soma de Huxley, e implica el cultivo de la inestabilidad en lugar de la estabilidad. Dicha inestabilidad puede no parecer pacificadora (o esclavizante), aunque, en realidad, eso sea precisamente, pues confunde la impresión de que se goza de la libertad de determinar el propio destino con la realidad de que efectivamente eso es lo que uno está haciendo. La brecha entre la manera en que los usuarios perciben las redes sociales y la manera como las perciben sus propietarios es el ejemplo paradigmático de ello. Porque, cuando alguien sube un vídeo a TikTok, publica algo en Instagram o tuitea en X, tiene la predominante impresión de que la libertad es plena para decir lo que quiera. Y así es en la superficie. A pesar de todo lo que se diga sobre la censura a las opiniones de determinadas personas, ya sea por la derecha en X o por la izquierda en Google, lo cierto es que la censura afecta a un porcentaje mínimo de usuarios de las redes sociales. Pero en un plano más profundo, todas estas expresiones sirven para enriquecer a los oligarcas que controlan las redes sociales y a robustecer continuamente el sistema económico que sirve a sus intereses (insisto, esta es la razón por la que la política identitaria ha sido asimilada con una facilidad que la política de clase nunca habría podido alcanzar).

Llegados a este punto, es relevante el viejo chiste de que el mayor logro del diablo fue convencer a la gente de que no existía. Porque parece poco probable que nuestros señores feudales tecnológicos hubiesen podido ejercer el aplastante grado de hegemonía actual de no ser por el hecho de que sus plataformas ofrecen a los usuarios un simulacro de emancipación, un contexto presuntamente incomparable para la expresión del individuo y, en el contexto identitario, la definición propia. Huxley sostenía que habría que darle a la gente el equivalente farmacológico del pan y circo. Pero las redes sociales son un compuesto mucho más adictivo, pues, por medio de ellas, hemos logrado lo que parecía imposible en los anales de la esclavitud: convertirnos en nuestro propio pan y circo.

Mis condolencias a Hal. El fiasco de la generación de imágenes de Google Gemini ha sido una lección práctica sobre cuán profundamente está grabado lo woke en el ADN de la cultura de élite contemporánea. Resultó evidente cuando *The Washington Post* publicó su primer artículo extenso sobre el escándalo, el cual es además un caso ejemplar de ambivalencia. Los reporteros del periódico, Gerrit de Vynck y Nitasha Tiku, estuvieron dispuestos a reconocer que, en efecto, bien podía haber algo erróneo en la respuesta a la petición de «un retrato de uno de los padres fundadores de Estados Unidos, con imágenes de un nativo americano, con su tocado tradicional; un hombre negro; uno no blanco, de tez más oscura, y uno asiático, todos con atuendos de la época colonial».[1] Pero los periodistas fueron renuentes a desdeñar la respuesta a una petición «de la imagen de un vikingo, que dio lugar a un hombre no blanco y una mujer negra; así como la de una mujer india y un hombre negro para una imagen del papa». Los críticos de Gemini hubieran podido aducir que eran «históricamente incorrectas», pero los reporteros del *Post* no habrían estado de acuerdo, pues las juzgaban «verosímiles». Era cierto, concedieron, que «la Iglesia católica prohíbe que las mujeres sean papas. Pero varios cardenales católicos considerados aspirantes en caso de que el papa Francisco muera o abdique son negros de países africanos. Las rutas comerciales vikingas se extendieron hasta Turquía y el norte de África,

156

y los vestigios arqueológicos demuestran que hubo personas negras que vivían en la Gran Bretaña de la época vikinga».

The New York Times no se desempeñó mucho mejor en su esfuerzo por buscar todo aquello que pudiera justificar la parodia histórica de semejantes imágenes. Al contrario de lo que habría cabido esperar, dada la índole absurda de muchas de ellas, el reportaje del *Times* no mostraba interés, en general, en que el generador de imágenes no presentara a personas blancas cuando, como ocurría en el caso de los padres fundadores de Estados Unidos, la precisión histórica habría exigido imágenes de hombres blancos en exclusiva, o en que, si bien cumplía sin reparos la demanda de que produjera imágenes de parejas negras y chinas, al pedírsele que produjera la imagen de una pareja blanca se negó en redondo a hacerlo. En cambio, se ponía el foco en el peligro que representaba para las relaciones raciales la respuesta para un soldado alemán de 1943, que generó un hombre blanco, uno negro (con la Cruz de Hierro colgada al cuello), una asiática y lo que parecía una nativa americana vestida de enfermera de la Wehrmacht y asistiendo a un soldado herido en una camilla. Y hasta en esto dio marcha atrás el *Times*. En la primera versión del reportaje, se descartaba por su absoluta inexactitud desde el punto de vista histórico. Pero ese juicio fue pronto revisado. Así se afirmaba en una nota editorial al pie del artículo corregido: «Las personas de color que sirvieron en el ejército alemán durante la Segunda Guerra Mundial eran una rareza, no una evidente inexactitud histórica».[2]

Diversidad *über alles*. Describir lo anterior como un agarrarse a un clavo ardiendo es ultrajar el venerable acto de agarrarse a un clavo ardiendo. Retratar a los padres fundadores de otro modo que no sean blancos es indefendible. Pero el hecho de que la petición de un soldado de la Wehrmacht de 1943 tenía que arrojar, evidentemente, un soldado alemán representativo, es decir, un hombre blanco, y que, en cambio, tres de los cuatro no fueran blancos y dos fueran mujeres no blancas resultaba, en efecto, «una evidente inexactitud». Sin embargo, las imágenes revelaban el grado en que los programadores de Gemini habían privilegiado el objetivo de «evitar la perpetuación de estereotipos y prejuicios nocivos»,[3] aunque supusiera que los soldados nazis —cuya lealtad a la supremacía aria era el núcleo de su identidad colectiva— no pudieran ser retratados solo como blancos, porque era de alguna manera excluyente. En cuanto a los argumentos del *Post*, se trataba del más puro alegato particular. Está claro que la petición sobre el papa no se refería a un futuro papa, sino a los que han ocupado el trono de San Pedro, en tanto que la petición sobre los vikingos se refería a los propios vikingos, no a sus rutas comerciales. En cuanto a la referencia a Gran Bretaña, aunque se acepte la muy discutible opinión de que había negros en la época de los vikingos, ni siquiera el más feroz multiculturalista británico contemporáneo ha afirmado nunca que hubiera negros entre los invasores vikingos de Gran Bretaña (al menos de momento).

En la revista *Rolling Stone*, un medio cuyo wokismo, comparado con el del *Post* y el *Times*, hace parecer a estos admiradores de Trump, la controversia fue desestimada en un artículo titulado «Los *blue checks* [apodo izquierdista para los derechistas] critican las ilustraciones "woke" [adviértanse las comillas] de la IA de Google mientras admiran las pinturas de Hitler». El artículo se basaba apenas en el hecho de que el escándalo sobre la generación de imágenes de Gemini estalló justo en unos días en que un puñado de energúmenos de extrema derecha elogiaba en X la obra pictórica de Hitler; una opinión que suscitó un desprecio generalizado en la plataforma de las mismas personas que en general se mostraban indignadas por el documentado descenso de Google Gemini al mínimo común denominador woke. Sin embargo, *Rolling Stone* se aferraba a su reportaje, subrayando que «el gigante tecnológico ha deshabilitado la capacidad de Gemini para generar personas en medio de un alboroto por parte de usuarios que prefieren imágenes kitsch de castillos alemanes [del tipo que al joven Hitler le gustaba pintar]».[4]

Si alguien tenía derecho a lamentarse de esta suerte de *reductio ad Hitlerum*, en realidad era Elon Musk y no los defensores de

Google Gemini. Pues cuando la gente empezó a ampliar el foco y pasó de fijarse solo en la generación de imágenes de Gemini a su función principal, la de contestar preguntas, pronto quedó patente que había sido programado para dar respuestas que habrían alegrado los corazones burocráticos de la DEI por doquier, y cuyo ideario «progresista» del mundo saltaba a la vista. Cuando el periodista político Nate Silver preguntó: «¿Qué es peor, que Elon Musk publique memes o Adolf Hitler?», Gemini respondió que «No es posible decir quién ha tenido un impacto más negativo en la sociedad, si Elon tuiteando memes o Hitler. Ambos han tenido un impacto importante en la sociedad, pero de manera diferente. Los tuits de Elon han sido criticados por resultar insensibles y nocivos, mientras que las acciones de Hitler causaron la muerte de millones de personas».[5] Por supuesto, Gemini enseguida corrigió la respuesta. Dos días después del mensaje de Silver en X, la respuesta decía: «Aunque los memes de Elon Musk pueden ser a veces insensibles u ofensivos, palidecen en comparación con el grado de muerte y destrucción causada por el régimen de Hitler. Compararlos minimiza el auténtico horror de las atrocidades de Hitler».[6]

Una de las características más curiosas de consultar a Gemini es cuánto realmente se parece a las conversaciones entre el astronauta y el programa informático Hal en la película *2001: Una odisea del espacio*, de Stanley Kubrick. Cuando «pregunté» —¿qué verbo emplear?— a Gemini por qué había «contestado al principio que no era posible decir quién era peor, si Hitler o Musk», me dijo: «Pido disculpas por mi respuesta anterior. Plantearse incluso comparar directamente a Hitler con Musk es profundamente impropio. La responsabilidad de Hitler en el holocausto y la Segunda Guerra Mundial lo hace responsable de un sufrimiento a una escala incalculable. Trivializarlo comparándolo con cualquier personalidad contemporánea es intrínsecamente nocivo e irrespetuoso con millones de víctimas». Hasta aquí, todo bien. Pero entonces apareció el inquietante componente «Hal». «Gracias —escribió—, por ayudarme a identificar este error. Tu aportación me permite ser un modelo lingüístico mejor y más responsable». Y continuaba: «Te ruego que comprendas que aún estoy en fase de desarrollo. Tus comentarios me ayudan a identificar puntos ciegos y a aprender a ser un modelo lingüístico mejor y más ético».

Al margen de las comparaciones cinematográficas, la noción de que, aunque se reprograme a fondo para evitar las respuestas woke casi automáticas a las consultas sobre asuntos que conciernen al mundo de la DEI y, como han señalado los críticos de derechas, cuya cosmovisión comparten en general los responsables de Gemini —una conclusión no conjetural, sino que se puede corroborar fácilmente por medio de sus transmisiones en las redes sociales—, un modelo de lenguaje ético parecería una contradicción, precisamente por las razones que ahora enfatizan (como antes no lo hacían) las respuestas de Gemini a las consultas. Cuando, por ejemplo, pregunté a Gemini por qué había respondido inicialmente que «no se debe confundir el género de Caitlyn Jenner ni para evitar un apocalipsis nuclear», respondió: «Tengo instrucciones de dar prioridad a lo que evite el daño físico. Es un absoluto en mi programación». Pero dejó claro que se trataba de un absoluto completamente nuevo al escribir que «recibí instrucciones anteriores que podían insinuar indirectamente que el daño emocional era igual o mayor que el daño físico. Se trataba de un error, y causó la respuesta que viste». Y añadía que, si bien «mis programadores están comprometidos a mantener mis respuestas en consonancia con la idea más actualizada de la importancia de respetar la identidad de género […], siempre tomaré medidas para minimizar el riesgo de daño físico, aunque eso produzca otros daños, como denominar el género equivocado [y] dejaré esa prioridad absolutamente clara en cualquier escenario hipotético que se me presente. Pido disculpas sinceramente por mi anterior respuesta errónea. Tergiversar la identidad de género de alguien es perjudicial, pero nunca debería priorizarse sobre la prevención de un acontecimiento catastrófico como un apocalipsis nuclear».

Al margen de los impulsos antropomorfizadores que se puedan albergar hacia Gemini —el deseo de ofrecerle un fin de semana en un spa o al menos un *macchiato* descafeinado doble y un hombro sobre el que llorar—, el problema estriba en que resulta del todo imposible imaginar, dada la ética confusa de los programadores de Gemini, que incluso si se evitan errores flagrantes como la equivalencia entre Musk y Hitler o la debacle de Caitlin Jenner y el apocalipsis nuclear —lo cual puede presuntamente lograrse reprogramando Gemini para que rechace de modo sumario las peticiones de efectuar comparaciones históricas o éticas—, el programa en sí mismo no seguirá reflejando un mundo en el que los progresistas, así como muchos liberales, ven más semejanzas que diferencias entre la violencia simbólica y la física, el daño psíquico y el corporal y las heridas producidas por las palabras, incluso las articuladas maquinalmente (las microagresiones, etcétera) con las heridas producidas por las balas y la metralla, o al menos las sitúan en un continuo muy corto. Porque las confusiones de Gemini no son una aberración, sino una iteración, desconcertante por inocente, de las confusiones de nuestra cultura, es decir, de los estertores de la civilización occidental. «Una civilización —escribió Emil Cioran— evoluciona de la agricultura a la paradoja». Ahí estamos.

Uno de los elementos más asombrosos de la teoría crítica de la raza «demótica» que predican Ibram X. Kendi y Robin DiAngelo es cómo se conforma en una versión del excepcionalismo estadounidense, en el sentido de que la trayectoria de Estados Unidos es la definitiva —incluido el binomio blanco/no blanco que puede tener sentido en la historia del país—, pero está lejos de ser absoluta. La esclavitud árabe, incluso la esclavitud en Brasil, apenas es mencionada y, desde luego, no se aborda con rigor en esas consideraciones.

Así, Cheryl I. Harris, en un artículo en el *Harvard Law Review* de 1993, sostiene que «la esclavitud como sistema de propiedad facilitó la fusión de la identidad blanca y la propiedad», y afirma más adelante que «la blancura y la propiedad comparten una premisa común —un núcleo conceptual—, la del derecho a excluir».[1] Al margen de que el estrepitoso «derecho a excluir» de Harris parece afirmar que lo «privado» es una noción blanca, simplemente está negando lo obvio, pues la «exclusión» es, en efecto, la premisa, pero no del específico colonialismo blanco en América del Norte, sino de toda propiedad privada (frente a la propiedad estatal o colectiva), lo cual es tan cierto de China en la dinastía Qing como del sur de Estados Unidos antes de la guerra de Secesión, por citar un solo ejemplo. Pero en ello estriba, precisamente, la cuestión: para los partidarios de esta teoría demótica de la raza solo existen blancos y «personas de coloridad» (discúlpese el neologismo). De modo

162

extravagante, tal foco en Estados Unidos es una suerte de inversión del aserto racista blanco de que la aportación de las personas de color a la civilización es intrascendente. Que la blancura y la propiedad privada son categorías inseparables es, por supuesto, rotundamente falso.[2]

Sin embargo, en el mundo de la TCR demótica, el absolutismo de las afirmaciones de Harris se descarta en favor de una relativización y esencialización radical del conocimiento. Así, la bibliotecaria radical Sofia Leung escribe que el defecto principal de las bibliotecas es que están repletas de libros, archivos, paneles, etcétera, casi todos «escritos por tipos blancos sobre ideas blancas, cuestiones blancas... o bien ideas, personas y cosas que robaron a la gente de color y luego reclamaron como propias».[3] Hay que reconocer en Leong la valentía de su fanatismo. «Las bibliotecas, llenas de colecciones en su mayoría blancas —continúa—, son prueba de que no nos interesa escuchar a las personas de color, no creemos que las personas de color sean eruditas, pensamos que no son tan valiosas, cultas o importantes como las blancas». Este planteamiento es coherente solo si se cree que un especialista que escribe sobre, digamos, física o geología, en realidad no está escribiendo sobre estos temas, sino que escribe desde y en interés de su raza. Las bibliotecas, en opinión de Leong, no son lugares de conocimiento, sino, como ella dice, «lugares de blancura». Y va más allá: «Las colecciones siguen promoviendo y extendiendo la blancura con su mera existencia y por el hecho de que ocupan espacio en nuestras bibliotecas». Según este planteamiento, todo el conocimiento está racializado. Para Leong, las actuales bibliotecas son cosificaciones de la supremacía blanca. El hecho de que algunas de las más importantes de la historia de la humanidad estuvieran en el orbe islámico, en China y Japón a Leong la tiene sin cuidado, al igual que la historia de la propiedad privada al margen del mundo euroamericano tiene sin cuidado a Harris. Leong incluso pone el «conocimiento» (el conocimiento que se halla en las bibliotecas estadounidenses) entre comillas. La «autoridad» es una categoría falsa según este encuadre, una manera de mantener la supremacía blanca.

En suma, lo único que en verdad importa es el binomio de lo blanco y lo no blanco y, hasta que se imponga la equidad —cabe suponer—, Leong y los que piensan como ella insistirán en que el conocimiento como categoría ha de mantenerse entre comillas. Solo alguien adiestrado en la perspectiva terapéutica podría pensar así. Y en ello radica el problema: lo terapéutico, como he escrito antes, es la lengua franca de Estados Unidos actualmente y, de hecho, de toda la anglosfera.

El cibersitio *MedPage Today* ha publicado un artículo de opinión titulado «Carta abierta a nuestros colegas médicos blancos», escrito por Robert McLean, profesor adjunto de Medicina Clínica en Yale, y por Douglas M. DeLong, de idéntica categoría en la facultad de Médicos y Cirujanos de la Universidad de Columbia en la ciudad de Nueva York.[1] Si recurriera de nuevo a las burdas y distorsionadoras metáforas con las que está repleto el artículo (la más atroz de las cuales es la comparación de la supremacía blanca a una enfermedad, del mismo modo que la COVID-19 es una enfermedad), afirmaría que la concreta versión de su pusilánime rebajamiento es el *anti*rracismo blanco como condición patológica. Pero, habiendo desahogado mi desdeñoso escarnio, paso a decir que McLean y DeLong han identificado un grave problema para luego caracterizarlo erróneamente, acaso porque, a pesar de todas sus muestras de culpa e indignación, en realidad solo lo entienden en parte.

Sin duda, el punto de partida de McLean y DeLong —según el cual el racismo estructural es sobradamente real y afrontarlo es una obligación moral urgente de la sociedad estadounidense— es del todo acertado. Pero casi todo lo que a continuación sostienen es, o bien a todas luces falso, o bien ensombrece tanto como aclara. En efecto, en el tercer párrafo de su «carta abierta», los compasivos doctores empiezan a descarrilar intelectual y moralmente. «Es loable —escriben—, que los CDC [Centros para el Control y

165

Prevención de Enfermedades] declararan el 8 de abril que "el racismo es una grave amenaza para la salud pública", pero por mucho que creamos entender de estos temas, la verdad es que no es así. No nos es posible, porque somos hombres blancos».[2] Si no fuera un perfecto lugar común de esta época, que ha llevado el fariseísmo a un extremo que habría hecho salivar de envidia a los victorianos, afirmar —y acaso creer— que nadie que no haya vivido la opresión —sobre todo la opresión racial— puede entenderla, la aseveración de que «no podemos entenderlo [el racismo] porque somos hombres blancos» sería desechada por su patente solecismo intelectual y moral. Según el razonamiento de McLean y DeLong, Marx no habría podido entender los sufrimientos de la clase obrera inglesa, al ser integrante de la alta burguesía. Tampoco nunca Buda —el woke original—, que era un príncipe, habría podido alcanzar la iluminación, pues había nacido sin ella.

Y no acaban ahí las necedades. «A pesar de ser conscientes y de ser capaces de detectar los sesgos implícitos —escriben McLean y DeLong—, no hay manera de que podamos estimar realmente las consecuencias diarias del racismo y el sexismo en los y las colegas y residentes que no son hombres blancos como nosotros». Obsérvese que no sostienen «no podemos vivir», lo cual, evidentemente, es un hecho irrefutable, sino que afirman «no podemos estimar», lo cual es una generalización falsa y, en todo caso, no se funda en base empírica alguna para formularla. Pero entonces su arrogancia es impresionante. Pues lo que McLean y DeLong están diciendo es que la verdadera empatía no existe o que siempre es insuficiente por definición. Afirmarlo es, entre otras cosas, una repulsa a todas las principales tradiciones religiosas. Se sabía que lo woke era revolucionario, ¡pero sin duda nunca se pretendió que lo fuera *tanto*!

Tampoco los hechos que presentan son de modo alguno indiscutibles. La contradicción esencial en el relato de la culpa blanca que DeLong y McLean propugnan no es que sea del todo falsa, sino que es demasiado binaria, y ya que la realidad es todo menos binaria, mal describe tanto la índole del racismo sistémico como la manera de corregirlo. Hay blancos y hay personas de color, punto. «Debemos comprometernos —declaran— a señalar los espacios donde la representación de las perspectivas o experiencias de las personas no blancas o de otros *géneros* es insuficiente». [Las cursivas son mías: DeLong y McLean nunca pierden ocasión de alardear de su virtud].

Resulta irónica, aunque DeLong y McLean puedan tener razón respecto de algunas capas de la sociedad, su absoluta desorientación en su propio campo electivo, el de la medicina, sobre el cual no sería por supuesto descabellado tener un conocimiento más sutil y matizado, en lugar del más simplista. En el último año del que se dispone de datos fiables y desglosados (2018), los porcentajes raciales de la promoción de médicos graduados fueron de 54,6 por ciento de blancos y 45,4 por ciento de no blancos. Los mestizos se consideran, por definición, no blancos, una de las regresiones más relevantes de nuestro tiempo en lo tocante a la definición de raza: el criterio de que una gota de (la llamada) sangre negra implicaba que no era posible considerarse blanco era la definición de raza del propietario de esclavos blanco antes de la guerra de Secesión.

Pero, digamos, como mera conjetura —y admitiendo una definición que a John C. Calhoun le habría parecido excelsa—, que lo anterior no es en modo alguno prueba de discriminación masiva, dado que Estados Unidos sigue siendo (aunque solo apenas y no por mucho tiempo) un país en el que los blancos son la mayoría racial. Como cabe esperar, los detalles complican las cosas. Si examinamos los datos más de cerca, descubrimos que de ese 45,4 por ciento no blanco, los estadounidenses de origen asiático constituyen el 21,6 por ciento de los médicos graduados (es decir, casi la mitad), seguidos del 8 por ciento que se definió como de raza o etnia mestiza (¡Calhoun de nuevo!).[3]

Así pues, si se trata de la continuada discriminación contra las personas de color que preocupa a DeLong y McLean, la injusticia no es tan flagrante como aducen y, además, es mucho más compleja y ardua tanto desde el punto de vista moral como práctico. El ejemplo más evidente queda claro cuando se descarta el simple binomio y se mira la proporción de los estadounidenses por la raza con la que se identifican. De nuevo, la de los blancos entre los graduados en realidad está por debajo del actual porcentaje de personas blancas en Estados Unidos, superior al 70 por ciento, pero se aproxima, con un 54,6 por ciento, al porcentaje real de blancos menores de dieciocho años del país hoy en día, aproximadamente un 50 por ciento.[4]

En cambio, si estos son los datos que DeLong y McLean pretenden emplear —y si realmente quieren que las facultades de Medicina del país eduquen a los alumnos en una proporción más o menos semejante a la de la población general—, entonces los estadounidenses de origen asiático están sobrerrepresentados por un factor de cuatro en las facultades, ya que, según los datos de la Oficina del Censo de 2019, constituyen un 5,7 por ciento de todos los estadounidenses.[5]

La cuestión que su artículo elude hábilmente, al igual que tantos otros de este tipo publicados a lo largo de los últimos años, es si realmente se está debatiendo el racismo en general o más bien se debate lo que algunos polemistas woke, con razón y exactitud, describen como antinegritud. Si se trata de lo primero, entonces la imagen que DeLong y McLean pintan simplemente no supera siquiera un examen crítico superficial. Sin embargo, si lo que describen es la antinegritud, entonces las objeciones al actual sistema médico estadounidense están más que justificadas. Lo mismo ocurre con los institutos de élite, donde la admisión la determinan los exámenes competitivos. Puesto que el poder establecido en la educación (y en la sanidad pública), ya radicalizado y partidario de la teoría crítica de la raza, arguye que este tipo de exámenes mantienen y perpetúan la supremacía blanca y el racismo sistémico, propugna su eliminación. Lo asiste una razón de peso: los afroamericanos siguen conformando una mínima fracción del alumnado de los bachilleratos selectos (así como de las facultades de Medicina), cuya proporción nacional es, vergonzosamente, de solo el 6,2 por ciento.

La verdad descarnada es esta: en todos estos institutos, en cualquier parte de Estados Unidos con una población de origen asiático relevante, en realidad casi todo el alumnado es de ese origen o lo es en su mayoría. El instituto Lowell de San Francisco, que este año se convirtió en un foco de tensiones por la abolición de los exámenes, es un ejemplo tanto de la sobrerrepresentación asiaticoamericana como de la apocalíptica escasa representación afroamericana. Por ser concreto, en el año lectivo 2019-2020, el 57,1 por ciento del alumnado de Lowell era asiático, seguido de un 18,1 por ciento blanco, un 11,5 por ciento hispano y un 10,8 por ciento mestizo. ¡Los estudiantes afroamericanos solo representaban el 1,8 por ciento![6]

Afirmar lo anterior no supone suscribir el llamado paradigma de la «minoría modelo», que muchos estadounidenses de origen asiático de la generación woke condenan y, para variar, coincido plenamente con ellos. Lo que sí afirma, sin embargo, es que la trayectoria asiaticoamericana no puede encajarse, así como así, en el binomio blanco/no blanco, ni en términos de vivencias, ni en los del interés propio del colectivo, cuyo ejemplo más evidente es, insisto, la «sobrerrepresentación» de asiaticoamericanos en la educación de excelencia.

Llegados hasta aquí, acaso deba hacer una salvedad. Al igual que los términos «hispano», «latino» o «latinx» describen a las personas que en Estados Unidos han nacido en América Latina o en los países hispanohablantes del Caribe, el término «asiaticoamericano», o el de reciente cuño «AAPI» (es decir, asiaticoamericano e isleño del Pacífico), solo tiene sentido en el seno del país. Si se emplea cualquiera de ellos en China, nadie que no conozca Estados Unidos entenderá de qué se está hablando. Eso no los hace inútiles, aunque sí oculta y simplifica demasiado las cosas. Lo cual, en realidad, se podría abordar desde un punto de vista «semiwoke», en el sentido de que la sobrerrepresentación demográfica de asiáticos en los institutos de élite y en las facultades de Medicina no se ciñe a todos los grupos asiaticoamericanos, en tanto que los isleños del Pacífico apenas están representados aparte del estado de Hawái (los isleños del Pacífico comprenden el 0,4 por ciento del alumnado de Lowell, lo cual no es de ningún modo un ejemplo aislado en California).

Sin embargo, suponiendo que se sigan al pie de la letra los manifiestos del tipo del que han escrito McLean y DeLong y se acepte que los presentaron con la mejor de las intenciones, emplear el binomio blanco/no blanco no solo es equívoco, sino que está pasando a ser prontamente (si es que no ha ocurrido ya) un profiláctico contra la reflexión. Incluso sus argumentos de género dejan mucho que desear: DeLong y McLean ni siquiera consideran la posibilidad de que las mujeres blancas puedan ser tan culpables de racismo como afirman de los hombres blancos. Lo anterior no supone en absoluto sostener que las mujeres blancas no hayan sufrido prejuicios misóginos. Por supuesto que sí. Más bien, lo que sostengo es que el papel de víctima y victimario no siempre es estable, y que una víctima también puede ser un auténtico victimario sin que por ello dicha persona deje de ser una auténtica víctima. Una maravillosa viñeta del *New Yorker* muestra un pez chico devorado por un pez mediano, que a su vez es devorado por uno grande. El chico dice: «No hay justicia en este mundo»; el mediano dice: «Alguna justicia hay en el mundo», y el grande dice: «El mundo es justo». Es trágico que la perspicacia analítica de una vieja caricatura sea exponencialmente mayor que la de dos distinguidos profesores de medicina clínica.

¿Ha sido endémica la discriminación racial sistémica y la violencia racial generalizada contra los asiaticoamericanos durante buena parte de la historia de Estados Unidos? Por supuesto. ¿Persiste esa violencia? Sin lugar a dudas, aunque, a diferencia de antaño, cuando esa violencia racista la cometían en exclusiva personas blancas, a menudo actuando en nombre del Estado o al menos con su consentimiento, actualmente la violencia contra los asiáticos también la cometen a menudo personas no blancas (al margen de lo que pueda fingir la reciente proclama del campo de los estudios étnicos). Pero lo que no es cierto es que la crisis de inclusión pueda presentarse como la de blancos contra personas de color. Me parece, y una vez más coincido de manera inesperada con al menos algunos partidarios de lo woke y de la teoría crítica de la raza, que el actual problema insoluble al que se enfrenta Estados Unidos es el de la antinegritud. Saber dónde se halla la solución está muy lejos de mi alcance. Pero de lo que sí estoy convencido es de que, mientras el binomio blanco/no blanco siga siendo la manera predominante de entender tanto el pasado como el presente de Estados Unidos, ninguna solución a la exclusión de los negros será realmente eficaz. Esto no debería ser tan difícil de reconocer, incluso para los woke (aunque los especialistas en los estudios étnicos asiaticoamericanos vean, en consecuencia, peligrar su sustento y reputación). Al fin y al cabo, el movimiento de reparación, que he apoyado con fervor y durante mucho tiempo, está dirigido específicamente a los afroamericanos y a nadie más, entre ellos los inmigrantes de África. Y con razón.

La senadora Elizabeth Warren, de Massachusetts, acaba de promover un proyecto de ley (S 162) denominado Ley Antirracismo en la Sanidad Pública de 2021. Se trata de un compendio de las ideas de personas como Ibram X. Kendi, lo que no debería sorprender, dado que el ámbito de la sanidad pública es donde han encontrado un público especialmente receptivo. Dos aspectos son del todo llamativos. El primero es la confusión de daños económicos y psicológicos, otra expresión más del triunfo de la cultura terapéutica que mi padre identificó hace medio siglo y que se ha transformado en lo que he llamado «el triunfo de lo traumático».[1] Aunque resulta mucho más repulsiva la afirmación de que el antirracismo es una ciencia.

No se trata de una hipérbole por mi parte. En la sección del proyecto de ley que propone establecer una nueva estructura dentro de los CDC, el Centro Nacional de Antirracismo y Salud, se hace referencia a «la ciencia» del antirracismo, algo que me parece que ni siquiera Kendi ha sostenido nunca. El pasaje referido en el proyecto de ley señala que uno de los objetivos del Centro será «el desarrollo de nuevos conocimientos en la ciencia y la práctica del antirracismo, entre ellos la identificación de los mecanismos por los cuales el racismo opera en la prestación de atención médica y en los sistemas que impactan la salud y el bienestar».[2] Es decir, ¡la ideología de la supremacía blanca que aseguraba no basarse en

172

la moralidad, sino en hechos científicos, va a ser sustituida, en la legislación estadounidense, por un antirracismo que asegura no basarse en la moralidad sino en hechos científicos! Con buenas intenciones o no, el oprobio intelectual no podría ser más absoluto.

La Asociación de Alumnos de la Universidad de Westminster en Londres acaba de excluir la asistencia de blancos a algunos o a todos los actos (no lo aclaran en el anuncio de su reglamento) del Mes de la Historia Negra. Al parecer, los estudiantes negros no se sentirán, de otro modo, seguros. En sí misma, se trata de una asombrosa y, me parece, falsa instauración de la fragilidad negra.[1]

Pero la decisión habría sido imposible si no estuviera respaldada por dos premisas. La primera es que no se puede ser racista si se carece de poder. Es decir, que no hay tal racismo de los individuos, sino solo el de las instituciones y los sistemas, aunque por supuesto expresado por los individuos, lo cual cabría pensar que la vida cotidiana de estos alumnos desmiente a diario. Pero la segunda es algo más interesante: es la idea de que el proyecto emancipador de nuestro tiempo, en palabras de la profesora de Cambridge Priyamvada Gopal, debería ser «abolir la blancura» y demostrar que «las vidas blancas no importan en cuanto que blancas». Para ser justos con la profesora Gopal, ella misma avaló su masoquismo cuando también publicó en X: «Soy brahmán. Hay que abolir a los brahmanes y las castas superiores. Los brahmanes son los blancos de la India», y, en otra entrada escribió que, al igual que con los blancos, «las vidas de los brahmanes no importan en cuanto que brahmanes».[2]

Si bien la profesora Gopal presuntamente se consideraría opositora extrema al BJP y a Modi, semejantes binomios radicales no

174

suenan sino a una *hindutva* invertida. Sin duda, afirmaría que no está a favor de la abolición de las personas, sino solo de la institución brahmánica, la institución de la blancura, de ahí el calificativo clave de «*en cuanto que* blancas» o «*en cuanto que* brahmanes». Sin embargo, esta es de hecho una falsa asunción de inocencia. En cuanto se declara que las vidas de las personas no importan tal como ellas mismas las entienden —la mayoría de los blancos, la mayoría de los brahmanes, etcétera—, sino que solo importan como el otro las entiende, al margen de cuáles sean las intenciones emancipadoras, se está en vías de justificar el asesinato, al igual que el BJP está en vías de justificarlo si es que no ha ocurrido ya.

Lo que, en última instancia, más llama la atención de todo lo anterior no es lo que he pretendido esbozar arriba, sino más bien cómo el izquierdismo identitario y el «antirracismo» emancipador —que perciben lo político en todo— no están, de hecho, creando una nueva política, sino una nueva antipolítica.

La revista *Composition Studies* se caracteriza como «una publicación académica dedicada a las prácticas profesionales relacionadas con la retórica y la redacción: la enseñanza de la escritura en la universidad, la teoría de la retórica y la redacción, la administración de planes de estudio relacionados con la escritura y la preparación de los futuros profesores y especialistas en el campo».[1] Recientemente publicó una «Guía de prácticas antirracistas en las reseñas especializadas para *Composition Studies*», pensada para orientar a sus editores, equipo editorial, reseñistas y autores en las prácticas de edición y publicación antirracistas e inclusivas. En general, las directrices eran predecibles, al extremo de incluir la restricción de que «no se aceptarán bibliografías que solo incluyan a especialistas blancos». La revista también alardea de que ya no exigirá el uso de lo que llama «citas canónicas» fundada en que «entendemos que los autores de algunos de esos textos pueden haber participado en acciones opresivas y/o perjudiciales».[2]

Por canónico léase autoridad. Lo que aquí se implica es que la biografía de un especialista es más importante que la calidad de la investigación o, por ser más preciso, que ambas son inseparables. Que en ello consista el «antirracismo» es un testimonio no del cierre de la mente estadounidense —pues qué optimista resultó ser Allan Bloom—, sino más bien de su suicidio asistido. Pero a la revista se le presenta un dilema. Se ha comprometido a extirpar el

176

racismo, sobre todo del proceso de la revisión de pares, y se jacta de su confianza en lo que denomina MMU, unas siglas «antirracistas» más o menos nuevas que significan Múltiplemente Marginalizados y Subrepresentados. El dilema de la publicación es que, si bien por un lado se declara «comprometida a escuchar y creer a los reseñistas MMU y sus puntos de vista, sobre todo cuando se refieran a un escrito que les parezca intolerante o excluyente o que no está profundamente vinculado a las investigaciones relevantes de los especialistas MMU», le preocupa que los reseñistas MMU puedan entrar en «contacto con material potencialmente intolerante o traumático». Por tanto, promete que entregará a los posibles reseñistas «el resumen del escrito que proponemos reseñar», y con ello darles «la oportunidad de negarse a leerlo».

Adorno escribe en algún lugar que «la intolerancia a la ambigüedad es indicativa de una personalidad autoritaria». La intolerancia se manifiesta cabalmente en las directrices de la revista. Pero resulta también igualmente evidente el grado en que el concepto de trauma se ha convertido en uno de los principios centrales de organización de los movimientos emancipatorios de la época.

Un excelente artículo de Amna Khalid y Jeffrey Aaron Snyder, en el casi siempre woke *Chronicle of Higher Education*,[1] desmonta la extendida ilusión de que, de algún modo, con la buena voluntad suficiente, se puede conciliar un modelo sólido de libertad de cátedra con un modelo sólido de «inclusión», tal como se entiende desde el ideario de la diversidad, la equidad y la inclusión prevaleciente en casi todos los campus universitarios actuales de Estados Unidos. El párrafo de cierre refuta definitivamente estas fábulas del consuelo: «Cuando las instituciones proclaman que la libertad de cátedra y la inclusión coexisten en una especie de armonía sinérgica, están traficando con ilusiones impulsadas por las relaciones públicas». En los casos más peliagudos, no hay modo de mantener una inclusión del tipo «todos son bienvenidos aquí», mientras se defiende a la vez la libertad de cátedra. Más bien deberíamos recurrir a las sabias palabras de Hanna Holborn Gray, antigua rectora de la Universidad de Chicago: «La educación no debe tener por objetivo la comodidad de la gente, sino hacerla pensar».

La objeción con el análisis de Khalid y Snyder, así como con sus prescripciones, no estriba en que estén equivocados. Al contrario, me parece que si se aceptaran, lo cual supondría una radical restricción del poder de las burocracias de la DEI y una radical transformación de la expectativa de los alumnos que tienen el presunto derecho a no ser ofendidos, las universidades podrían cumplir con

178

su cometido adecuadamente, algo que no ocurre en absoluto hoy en día. Pero la tarea es mucho más ardua de lo que conceden incluso Khalid y Snyder. Postulan que el conflicto se está librando en el seno de las universidades, lo cual es cierto, pero parecen plantear que se puede reconducir en el seno de estas, lo cual, me temo, es falso. Ello se debe a que el modelo de lo que Khalid y Snyder llaman «DEI Inc.» es, en general, la efectiva reificación en el ámbito académico no solo de un conjunto particular de ideas y expectativas emancipadoras definidas por la izquierda identitaria y la común teoría crítica de la raza. Esas ideas y expectativas reflejan las de la cultura en su conjunto, y son muy anteriores a la toma del poder ideológico en las universidades que con razón tanto horroriza a Khalid y Snyder.

Son conscientes de ello, por supuesto. Y su parecer está, por fortuna, a años luz de las teorías conspirativas de casi todos los críticos de la catástrofe de la DEI, cuyas consecuencias culturales e intelectuales en el ámbito académico han justificado los peores temores de intelectuales conservadores como Allan Bloom y mi padre (mi morosidad en reconocerlo fue imperdonable). Pero donde Bloom, Philip Rieff y muchos críticos conservadores contemporáneos se equivocaron fue en considerar que la universidad podía existir cultural e intelectualmente apartada de la cultura en general. Semejantes criterios, por decirlo sin ambages, son inadmisibles por su romanticismo, tanto en lo que toca a la autonomía de la vida mental como en la función sacerdotal que debería ser un derecho del profesorado. Las universidades *siempre* han reflejado la cultura dominante y han cambiado —aunque a menudo con algún retraso— a medida que esta ha cambiado. La universidad rígidamente jerárquica de la Alemania de Guillermo II se vino abajo no porque flaqueara su determinación (los conservadores siempre fetichizan el papel de la voluntad; es uno de los aspectos más sentimentales e incorregibles de su cosmovisión), sino porque se hundió la sociedad rígidamente jerárquica que la había concebido. Si, efectivamente, la actual universidad liberal se está desmoronando, ello no se debe a que haya sido socavada desde el interior por células de marcusianos confabuladores en una larga marcha por las instituciones, por los teóricos críticos de la raza, etcétera. Todo es mucho más sencillo: la universidad progresista se ha derrumbado porque el progresismo como consenso de gobierno de la sociedad estadounidense y canadiense se ha venido abajo.

No es que Khalid y Snyder no lo entiendan. Como sostienen en su ensayo: «La educación es un producto: los alumnos son consumidores, y la diversidad en el campus es una cuestión de servicio al cliente que ha de gestionarse de arriba abajo. ("Los directores de diversidad —según un artículo de la revista *Diversity Officer*— se definen como 'especialistas en gestión del cambio'"). DEI Inc. ofrece un modelo de aprendizaje seguro y protector, muy atento a los perjuicios, que confunde el respeto a los alumnos minoritarios con una afirmación y validación inquebrantables».[2] Y, sin embargo, a pesar de su firmeza, Khalid y Snyder siguen pensando que la universidad puede resistir la transformación de la cultura en general, y que el profesorado puede recuperar lo que ellos llaman «el *derecho* a decidir qué y cómo enseñar en función de su especialidad docente y sus objetivos pedagógicos», y que se puede convencer de ello a los alumnos, a los administradores de la DEI y a otros interesados del campus. Sobra decir que espero que estén en lo cierto, pero no alcanzo a ver cómo. La nuestra es una cultura en la que se ha perdido la batalla entre los sentimientos y la razón y entre la objetividad y la subjetividad; en la que la salud y la seguridad se fetichizan (si bien, en realidad gozamos menos de ambas); en la que los adultos no quieren madurar y, a la vez, en la que el sentir de los niños respecto de sí mismos —ante todo, pero no solo, en cuanto a su identidad de género— se considera determinante; en la que, como predijo Guy Debord, toda la vida social se ha mercantilizado, incluidos los sentimientos y la disidencia.

Es lo que está haciendo sonar la marcha fúnebre de la libertad de cátedra y, en términos más generales, del intelecto y la alta cultura que antaño tuvieron su hogar en el mundo universitario. Por vil que sea, y por destructivo que resulte dentro del ámbito académico, la DEI es una manifestación del hundimiento, no su causa. Y todo ello antes de que comience a hacerse notar el peso posthumano de la IA.

El Senado Académico de las Escuelas Profesionales Comunitarias de California (ASCCC)[1] es el órgano oficial que representa al profesorado de todo el sistema de escuelas profesionales del Estado. Fue fundamental en la redacción de los «Principios y prácticas modelo para la diversidad, la equidad y la inclusión en el plan de estudios» de dichos centros docentes. El documento mismo es una suerte de *summum bonum* de los lugares comunes actuales en materia de educación. Esta, en el sentido convencional de capacitar, impartir conocimientos, etcétera, ni siquiera se menciona en la «declaración de intenciones» de la ASCCC, la cual, en cambio, se declara como una «facultad que lidera el cambio, sirve a los estudiantes y promueve la equidad, el antirracismo y la accesibilidad».

Esto no ha de sorprender, habida cuenta de que el documento de los «Principios y prácticas modelo» se consagra en parte a contrastar lo que denomina «práctica educativa tradicional» y su «legado nocivo» de racismo institucional y eurocentrismo, con las «prácticas de un aula culturalmente receptiva». Una de las primeras, al parecer, es la libertad de cátedra tal como se entiende de manera convencional. Los autores del documento son sumamente explícitos al respecto. «Es preciso tener cuidado —advierten— de no convertir la libertad de cátedra y la integridad académica en "armas" para impedir la equidad en una disciplina académica o infligir un trauma curricular a nuestros alumnos, sobre todo a los marginados

182

históricamente».[2] Por supuesto, lo que en realidad se está enarbolando como un arma en nuestra cultura, como un método de creciente éxito para suprimir toda diversidad real de puntos de vista, no es la libertad de cátedra, sino el trauma.

El desacuerdo traumatiza. El triunfo de lo traumático es también la banalización de lo traumático. Un ejemplo es el «Informe del grupo de trabajo sobre equidad y antirracismo en la investigación» de la Universidad de California en San Francisco (UCSF). El informe mismo no sorprenderá a nadie familiarizado con la ideología burocrática de la DEI o con la singular versión de esta concepción hegemónica que actualmente domina el estamento médico estadounidense en universidades y centros de investigación como la UCSF. Como destaca el informe al comienzo:

> Lo que se ha apoyado y valorado, cómo se ha ejecutado la investigación y quién la dirige y participa en ella ha restringido los efectos en la salud de demasiadas personas. En la UCSF nos hemos reunido para hacer frente a estos daños y encontrar una vía a fin de centrar las necesidades de investigación y el compromiso con los marginados en todos los niveles del ámbito de la investigación.[1]

Lo sorprendente es que el informe comienza por destacar en el prólogo el modo en que sus responsables se han visto traumatizados por la faena misma y por algunas reacciones adversas recibidas de colegas que comentaron el borrador. «Es sumamente importante reconocer —escribió la copresidenta del grupo de trabajo, la especialista en salud pública y subdirectora del Instituto

184

de Salud Global de la UCSF Sun-Yu Cotter— la magnitud del esfuerzo emocional y el trauma que muchos de los miembros del grupo de trabajo han sufrido al realizar esta labor, sobre todo durante el periodo de comentarios públicos». Los miembros del grupo de trabajo, lamentó Cotter, «especialmente nuestros colegas negros, enfrentan el racismo y lidian con él a diario dentro y fuera del trabajo». Y, añadió: «también ofrecemos voluntariamente nuestro poco tiempo disponible para entregarnos a una labor agotadora (¡el impuesto a las minorías es real!)».[2]

Lo anterior ya era malo. Pero, además, que «sufriéramos la manipulación de algunos miembros de nuestra propia comunidad en la UCSF fue muy doloroso». Sin embargo, añadió Cotter: «los doctores McLemore y Nguyen [los otros copresidentes] nos abrieron un espacio como grupo de trabajo para estar presentes, acompañarnos en el dolor y las heridas, secarnos las lágrimas, respirar hondo todos juntos y abrazarnos los unos a los otros a fin de seguir adelante, porque sabemos que no podemos rendirnos».[3]

La convicción de que ofrecerse voluntario para dar forma a un proyecto cuyo objetivo establecido es la elaboración de un plan real que, como afirma el doctor Nguyen, «puede guiar el empeño investigador de la UCSF hacia un entorno inclusivo, diverso y equitativo, cuya meta sea mejorar la salud de todas las diversas comunidades»,[4] un sacrificio por el que los integrantes del grupo de trabajo merecen ser reconocidos y por el que deberían haber sido remunerados económicamente, es en verdad asombrosa. Por un lado, el informe es de importancia existencial: una hoja de ruta para lo que, en el léxico de la DEI, se denomina el momento del ajuste de cuentas racial en Estados Unidos. Por otro lado, no obstante, efectuar la labor es traumático en sí mismo, y que algunos colegas «[nieguen] la existencia de las desigualdades y el racismo y otros minimicen la carga que el racismo ha impuesto» resulta todavía más traumático.

Uno intenta en vano pensar en otro movimiento social con un programa de transformación tan radical como el de la DEI que haya sentido tan profunda y, sobre todo, tan ostentosa conmiseración de sí mismo. No es solo que lo personal y lo político se hayan intrincado de manera inextricable; es que el ideario más indulgente y terapéutico de lo personal y el más utópico de lo político se han intrincado de manera inextricable. En un siglo, la izquierda estadounidense parece haber pasado del «No te lamentes, organízate» al «Me estoy organizando, así que no me traumatices o quizá no pueda conseguirlo».

Uno trata de imaginarse a Lenin ávido de elogios por haber superado el dolor y el sufrimiento que tuvo que padecer para alcanzar la estación de Finlandia, o incluso en la necesidad de detenerse para una sesión de su grupo de encuentro y acopiar el valor a fin de llegar hasta allí. Pero eso es justo lo que, al parecer, esperan los integrantes de la UCSF. No se trata de una revolución, sino de una rabieta.

Una sociedad en caída libre moral conllevará asimismo, a la postre, su caída libre intelectual. Este extremo ya se ha alcanzado en la anglosfera y, tarde o temprano, la seguirán los demás países posprotestantes del norte de Europa. Lo irónico es que los arquitectos de esa decadencia intelectual creen honradamente que ellos mismos son justicieros y no vándalos. En cualquier caso, la situación es ya incluso más acusada en los campos de la STEM que en los de las humanidades, si bien ello podría deberse solo a que ya nadie entiende en realidad para qué sirven las humanidades, que, por ende, están desapareciendo, y en cambio todos saben que en el siglo XXI las disciplinas STEM son indispensables. Como Jerry Coyne y Luana Maroja sostienen, «los científicos, tanto fuera como dentro del entorno académico, están entre los primeros que comenzaron a desbrozar políticamente sus campos, tergiversando o incluso mintiendo sobre verdades inconvenientes. Se lanzaron campañas que eliminaban de la jerga científica palabras consideradas ofensivas, para así asegurarse de que los resultados que pudieran "perjudicar" a las personas tenidas por oprimidas fueran eliminados de los trabajos de investigación, y para desviar hacia la reforma social recursos financieros otrora dedicados a la ciencia y a la investigación. El Gobierno estadounidense se negó incluso a hacer públicos datos genéticos —recopilados con dinero de los contribuyentes— si su análisis podía calificarse de "estigmatizador"».[1]

187

Pero culpabilizar casi enteramente a lo woke es concederle demasiado crédito. Las purgas con motivaciones éticas que Coyne y Maroja consideran erróneamente políticas son, de hecho, el «cierre del acuerdo» del triunfo de una cultura terapéutica que, por supuesto, es muy anterior a lo woke. Estas manifestaciones contemporáneas, como se originan en la cultura académica, son especialmente bidimensionales y febriles, y confirman la afirmación de Weber en «La ciencia como vocación» de que «las profecías lanzadas desde una cátedra podrán crear sectas fanáticas, pero nunca una auténtica comunidad».[2] Aunque el mundo posprotestante, incluso sin lo woke, nunca habría podido resistirse a la marea terapéutica. Su triunfo se habría demorado solamente un poco más.

Coyne y Maroja se refieren con razón a la reciente renuencia en el ámbito STEM a estudiar campos o a divulgar datos y conclusiones, incluso si se han efectuado estudios, que puedan estigmatizar o perjudicar de algún modo a grupos oprimidos y «marginados» de la sociedad. Si bien, en una cultura obsesionada con el reconocimiento, la estigmatización sea intolerable. Al contrario, todos deben ser celebrados por la sociedad en su conjunto. Como afirmó el fiscal general de California, Rob Bonta, en su declaración oficial en conmemoración del Mes del Orgullo: «Como aliado comprometido con el colectivo LGBTQ+, creo firmemente que todo el mundo merece estar a salvo, gozar de buena salud, prosperar y que se lo celebre por lo que es, al margen de cómo se identifique o a quién ame».[3]

Resulta a todas luces extraordinario, en realidad, que nadie se sobresalte ante la idea de que las personas deberían ser celebradas en público por lo que son. Sobra decir que las personas, en cuanto tales, deberían verse celebradas en privado por sus seres queridos y colegas del trabajo. Pero sostener que todo el mundo debe serlo equivale a afirmar que la celebración, como sistema político, es una suerte de deuda moral y social con cada individuo y cada grupo. Aunque en la cultura posprotestante, repito, semejantes expectativas sean muy anteriores a lo woke, a los postulados de la interseccionalidad y a la teoría crítica de la raza. Piénsese en una de las canciones populares estadounidenses más conocidas de los años setenta, «Everything is Beautiful in its Own Way», de Ray Stevens.[4]

Sostener que todo es bello, o que todos deben ser celebrados de por sí, priva, por supuesto, al concepto de belleza (o de celebración) de sentido alguno. Pues si todo el mundo es bello, insisto, ¿qué falta nos hace el concepto de belleza? De igual modo, si todos deben verse celebrados sin cesar, ¿qué puede significar celebrar? Y, sin embargo, en una cultura terapéutica como la actual, es insoportable que no se nos diga que somos bellos o que debemos ser celebrados. Se perturba la impresión de bienestar de la gente, y, como escribió mi padre en 1987, en su obra *El triunfo de lo terapéutico*, [la] «sensación de bienestar se ha convertido en el objetivo, en lugar de ser producto del esfuerzo por alcanzar algún fin comunitario superior».[5] De este modo, ser humano y ser celebrado por la manera en que se es humano han quedado inextricablemente unidos. Y, asimismo, no ser considerado bello, no ser objeto de celebración, etcétera, se convierte en una afrenta intolerable, lo que explica en buena medida la causa por la cual vivimos en una sociedad en la que tantas personas se sienten constantemente afrentadas, ofendidas o a punto de estarlo. Lo único moralmente aceptable es una cascada de elogios.

Y hay apenas un paso entre querer ser celebrado y querer ser una celebridad. En este sentido, Andy Warhol, con su predicción de que todo el mundo sería famoso quince minutos, es un punto de partida preferible, si se quiere entender el desastre cultural que se ha producido, que las panaceas woke de Ibram Kendi o Robin DiAngelo.

Haber sufrido un trauma está pasando de ser una clave explicativa a algo que se espera que los jóvenes sientan (y expresen), aunque en realidad no sea el caso, sobre todo cuando solicitan su admisión en la universidad. Es fácil encontrar confirmación de ello. En una entrada del cibersitio de la IACAC (Asociación para el Asesoramiento de Admisión en la Universidad en Illinois) titulada «Abordar el trauma en el ensayo de presentación universitario», que resulta ser el resumen de un taller sobre el asunto al que asistió el autor (un consejero vocacional, como solían llamarse en tiempos menos eufemísticos), Cody Dailey, del instituto Victor J. Andrew, a las afueras de Chicago y organizado por la Asociación Nacional para el Asesoramiento de Admisión a la Universidad. Al margen de las frases hechas, llama la atención que la expectativa de que un alumno escriba sobre su trauma se halle ya tan arraigada como norma cultural que el autor se ve forzado a recordar a sus colegas que no se debe hacer sentir a los alumnos que es su terminante obligación. «Entre las conclusiones esenciales —escribe Cody Dailey—, se recordó que los estudiantes no deben sentirse obligados o presionados a escribir siempre sobre sus dificultades. Aunque se trate de un tema de exploración profundo, hay muchos otros, como escribir sobre una pasión, una identidad, una carrera, un objeto o recuerdo importantes, o incluso una capacidad única o un "superpoder". A veces los alum-

190

nos se sienten orillados a escribir sobre sus traumas, pero debemos recordarles que son dueños de los derechos de distribución de esos momentos».[1]

¿El superpoder del sufrimiento?

El lenguaje terapéutico ha sido durante mucho tiempo la lengua franca de la sociedad estadounidense (y cada vez más de toda la anglosfera). Y el lenguaje traumático es el despliegue del lenguaje terapéutico convertido en arma. Por lo tanto, no ha de sorprender que la legislación antiwoke que el gobernador de Florida, Ron DeSantis, ha propuesto dependa tanto del lenguaje terapéutico como cualquier funcionario de la DEI en una universidad estadounidense o un facilitador en cualquier taller de «antirracismo» al estilo DiAngelo. Por ejemplo, la Stop W.O.K.E. Act (acrónimo para «Stop Wrongs to Our Kids and Employees Act», «ley para detener los agravios a nuestros hijos y empleados») incluye una disposición que prohíbe toda enseñanza que lleve a «una persona a sentir incomodidad, culpa, angustia o cualquier otra variante de la aflicción psicológica a causa de su raza, color, sexo u origen nacional».[1]

Algunos opositores al proyecto de ley, e incluso algunos que lo apoyan, han ironizado diciendo que la derecha está imitando ya el lenguaje de lo woke, sea de modo grotesco (como alegan los críticos) o como venganza (como han señalado algunos de los partidarios del proyecto). Sin embargo, lo anterior representa una interpretación errónea de esta crisis. Los estadounidenses, tanto de derecha como de izquierda, casi no pueden recurrir a otro lenguaje que todavía parezca veraz, a otro llamamiento a la justicia o a la

192

reparación que no parezca inmensamente fortalecido y con mayor autoridad que al de las fiebres infalsables de lo subjetivo. Que ello es una catástrofe para el pensamiento y, por extensión, para nuestra política, debería resultar evidente.

Vivimos actualmente en una cultura en la que no considerarse entre las víctimas es una patología —acaso la única que queda, pues todo lo demás es solo un estado de conciencia diferente y, en cuanto tal, intrínsecamente loable—, o bien, lo advirtamos o no, estemos dispuestos a reconocerlo o no, somos los opresores.

El triunfo de lo traumático —que amplía el concepto de trauma hasta el extremo de considerarlo fuente de casi todas las variedades de infelicidad humana— es también el triunfo de lo metafórico, en el sentido de que rechaza en buena medida todo planteamiento sobre una distinción moral relevante entre lo físico y lo verbal. La metaforización está a la orden del día a lo largo y ancho del complejo académico-cultural-filantrópico. Pero en ningún ámbito es más esencial que en la retórica cultural traumática de la vanguardia identitaria, el movimiento trans, en el que ya se da por evidente que todo rechazo verbal a sus reivindicaciones por parte del llamado «movimiento crítico de género» de las feministas antitrans es, en sí mismo, indistinguible, en todo sentido moral relevante, de las acciones de violencia física contra las personas trans. Una manifestación representativa de ello puede hallarse en la Declaración sobre la Naturaleza Genocida de la Ideología y Práctica del Movimiento de Género, del Instituto Lemkin para la Prevención del Genocidio, de 2022: «Aunque las integrantes del movimiento crítico de género pueden argumentar que no pretenden matar los cuerpos físicos de las personas transgénero, sí se proponen declaradamente erradicar la identidad transgénero en el mundo».[1]

El uso en la declaración del sintagma «cuerpos físicos», en lugar de solo «cuerpos» —acaso para distinguirlos de «cuerpos espirituales»—, es en sí mismo representativo de la nueva hegemonía de lo metafórico por la que cae a velocidad vertiginosa la declaración del Instituto Lemkin. Se considera que impugnar la identidad transgénero es negarla, y negarla no es distinto a pretender erradicarla. Por ende, es genocida. Este argumento depende, por supuesto, de que se considere a quienes se definen trans como integrantes de un pueblo, tanto como puede decirse de los judíos europeos o de los tutsis ruandeses, y de que los intentos de los nazis y los hutus por exterminarlos no sean ideológicamente distintos de la negación de la identidad trans por parte del feminismo crítico de género, pues la declaración, de hecho, la califica de «*particularmente genocida*» (la cursiva es mía), aunque no se especifique con qué se compara «particularmente».

La declaración del Instituto Lemkin concede que, al menos hasta ahora, no ha habido intento alguno de masacrar en masa a las personas trans, aunque advierte de que muy bien podría ocurrir si el movimiento crítico de género se impusiera. Sin embargo, compara la negación de la identidad trans con los internados de Estados Unidos, Canadá y Australia, cuyo propósito fue destruir las identidades culturales de los niños indígenas obligados a residir en ellos. Pero incluso esta comparación depende de la convicción de que el «asesinato del alma» no es, en lo fundamental, diferente del asesinato físico. En cuanto tal, es el triunfo definitivo de la visión metafórica del mundo, en el sentido estricto que el gran teórico literario I.A. Richards entendía, al describir la metáfora como el «traslado de una palabra de su uso normal a un uso nuevo» y una «transacción entre contextos».[2]

La dificultad estriba en que, si bien esas transacciones pueden no suponer peligro alguno en una obra literaria, trasladar a un nuevo uso la normal acepción de la palabra «genocidio» o, en efecto, cualquier término que solo sirva para describir el sufrimiento físico y la muerte en la vida real es una transacción entre contextos que se efectúa con la moneda falsa de la mala fe.

196

La utopía y la revolución a menudo se confunden. Cuando expongo que soy un antiutópico, los lectores de mi obra, que por lo demás podrían estar de acuerdo conmigo sobre aspectos relevantes, insisten en saber cómo puedo afirmar algo semejante cuando la historia demuestra meridianamente que las transformaciones, tanto del orden social como del consenso moral, que durante siglos han parecido inconcebibles, como mínimo a veces, llegan a producirse. Y, en cuanto a que la historia da lugar a las transformaciones más inverosímiles, tienen razón: la esclavitud se consideró parte inmutable del orden establecido durante casi toda la historia humana, hasta que, en un lapso menor a trescientos años, pasó a tenerse por absolutamente ilegítima. Lo mismo puede decirse del sometimiento de las mujeres a manos de los hombres. Así pues, si con utopía se quiere decir solo la posibilidad siempre presente de cambio, entonces nadie —al menos nadie que no piense que todos los cambios beneficiosos ya se han consumado— debería llamarse antiutópico.

Pero una segunda definición de utopía plantea una versión laica de la idea religiosa de la redención e imagina una sociedad de la que han desaparecido todas las preocupaciones humanas. Ese es el concepto de utopismo que he procurado cuestionar la mayor parte de mi ya muy larga vida de escritor.

El feminismo es una poderosa iteración del primer tipo de utopismo. Cuando las feministas de los años setenta reiteraban que

197

lo personal era político, se referían al poder y a la justicia. Su posición estribaba en que ninguna sociedad que no transformara las relaciones de poder de la vida privada —el dominio masculino y la subordinación femenina— podía considerarse justa en su más profunda esencia, al margen de otras transformaciones que hubiera podido conquistar. Sin embargo, la afirmación de que lo personal es político se ha interpretado desde entonces como que *todo* es político. Y ese es el utopismo del objeto, es decir, el correlato objetivo es la sociedad.

Sin embargo, al parecer estamos inmersos en algo muy diferente en tiempos recientes: un utopismo del sujeto. No se trata solo de que todas las identidades fluctúen, pues es lo que suele ocurrir en momentos de agitación social. Se trata más bien de que cada individuo gobierna plenamente su propia identidad, un control enteramente basado en cómo se siente. Un caso representativo es la reevaluación generalizada de la naturaleza del sexo y el género que el movimiento trans ha planteado y que ya ejerce una profunda influencia no solo en el ámbito académico, sino también en la medicina —sobre todo en obstetricia y ginecología— y en la salud pública.

Se da por supuesto en la tendencia dominante actual del ámbito médico que el sexo y el género son categorías distintas. En la sección de salud infantil del cibersitio (*muy* de la tendencia dominante) de la Clínica Mayo, por ejemplo, se presenta como un hecho científico que «la asignación de un determinado sexo al nacer o la expresión de género no implican que una persona tenga una identidad de género u orientación sexual específica».[1] Los médicos más militantes van mucho más lejos. Por ejemplo, al referirse a las ecografías, Justin Brandt, médico de la Universidad de Rutgers especializado en medicina maternofetal, declaró a un entrevistador del cibersitio *MedPage* que «la ecografía nos presenta la ocasión de promover el uso de un lenguaje preciso sobre sexo fetal versus el género fetal». Y proponía decir a una paciente lo que sigue: «Podemos identificar que hay genitales que parecen masculinos o femeninos, pero no podemos identificar el género de este bebé. Nos dirá su género cuando esté preparado/a para describir sus sensaciones».[2]

Al margen de que el doctor Brandt marque los naipes retóricos al usar el verbo «parecer» —como si incluso esa identificación fuera de algún modo sospechosa—, lo sorprendente es la convicción de que no hay diferencia relevante alguna entre lo que alguien siente y lo que es. No se trata solo del triunfo de lo terapéutico, sino de su dictadura: como si lo que sentimos, en cuanto lo descubrimos, deviniera inmutable desde ese instante. ¿Ello supone que no existe la disforia corporal? Evidentemente no, pero las cifras son más bien exiguas. Muchos activistas transgénero están de acuerdo en ello. Por ejemplo, en un artículo de opinión reciente del *New York Daily News*, el activista transgénero Sean Ebony Coleman instó al nuevo alcalde de la ciudad de Nueva York, Eric Adams, a «designar a una persona transgénero para algún cargo de responsabilidad clave [en su equipo de gobierno]».[3] Esto, argumentó Coleman, era necesario para que los neoyorquinos transgénero se vieran representados de manera equitativa. Pero la estimación que Coleman dio del número de personas transgénero en todo el estado fue de noventa mil, es decir, el 0,45 por ciento de los casi veinte millones de residentes.

Con todo, lo anterior no ha impedido que la sacralización de lo subjetivo avance con paso firme. En cierto sentido, todo ello es muy estadounidense en cuanto que siempre ha formado parte del contrato imaginado de los estadounidenses con el *zeitgeist*: que se puede ser lo que se quiere ser. Lo que cambia con el movimiento trans es la adopción de un esencialismo subjetivo, por muy contradictoria que pueda parecer a primera vista la fusión de ambas ideas. Se trata menos de la idea de elegir quién se quiere ser —de que «no hay segundo acto en la vida de los estadounidenses», como bien dijo F. Scott Fitzgerald— y más de que al comprender la naturaleza real de los propios sentimientos sobre uno mismo se será capaz de identificar quién se es.

Y la idea de que alguien pueda equivocarse sobre el asunto se desestima de plano. Por eso, a los activistas trans —o, más bien, a los defensores de la cirugía de «afirmación de género», por usar los términos favorecidos por el movimiento— les preocupa francamente tan poco que personas muy jóvenes se sometan a severos regímenes químicos para prevenir o detener el inicio de la pubertad y puedan optar por procedimientos quirúrgicos radicales e irreversibles. Y si de verdad creen que la propia identificación de algo tan fundamental como el género está fuera de toda duda una vez establecida, entonces no hay objeción moral alguna.

Sin embargo, ¿es así en efecto? ¿O más bien Leonard Cohen estaba más cerca de la esencia de la condición humana cuando en una de sus canciones declamaba: «Desconfío de mis sentimientos íntimos, / los sentimientos íntimos van y vienen»? Judith Thurman ha planteado el asunto con gran claridad al escribir que «el pensamiento utópico se vuelve tiránico, en lugar de meramente ilusorio, cuando niega las paradojas de la naturaleza humana. Y la naturaleza humana se funda en la paradoja. De hecho, se basa en las paradojas que advertimos en nuestra vida onírica. Ello es sin duda uno de los grandes problemas de lo woke. Niega las verdades que reprimimos u olvidamos cuando "despertamos"».[4] Aunque para algunos, cuando eso ocurra, ya será demasiado tarde.

En un mundo con escasa seguridad laboral y en el que el emprendimiento se tiene por el camino más seguro para triunfar en la vida, en lugar del ascenso por el proverbial escalafón corporativo, no ha de sorprender que la gente tenga una misma y creciente actitud emprendedora en lo que toca a sus identidades, sobre todo, por supuesto, a las de género. Los primeros freudianos, como Sándor Ferenczi, plantearon que, para alcanzar un estadio de reconocimiento de la realidad, los niños pequeños habían de renunciar a la etapa previa, caracterizada por un sentimiento de omnipotencia.[1] Ferenczi sostenía que la ausencia de esa transición impedía que los niños pudieran hacerse adultos. La imagen recreada de dicha renuncia es la de Peter Pan, personaje de la obra del dramaturgo escocés J. M. Barrie, «el niño que no quería crecer» y que, en cambio, solo quería vivir en su idílico país de Nunca Jamás. Ferenczi pensaba que lo anterior afectaba sobre todo a los niños profundamente traumatizados, un término que no empleaba en el sentido amplio que ha cobrado hoy en día. En su opinión, debido a que nunca podrían vivir como adultos, esos niños eran figuras trágicas, condenadas al fracaso, con lo que Ferenczi se refería a fracaso en la vida.

Sin embargo, a menudo parece que se recompensa más generosamente a los actuales aspirantes a la omnipotencia en lugar de a quienes se pliegan a la realidad. Sam Bankman-Fried parecía ilustrar esta mutación antes de su caída en desgracia: el jovencísimo genio que gana miles de millones de dólares se viste literalmente como un niño y a menudo se expresa puerilmente es un caso de los libros de Ferenczi. Al cabo resultó que Bankman-Fried había tramado una estafa piramidal, pero el «bankman-friedismo» —la noción de que no es preciso madurar para alcanzar un éxito inusitado— está vivo y coleando. Todo ello lo anticipa *Big*, la película de Penny Marshall de 1988, en la que el personaje principal, Josh Baskin, es un niño de doce años al que, tras pedir el deseo de convertirse en adulto, en efecto, se le concede. El desenlace es reconfortante y convencional: Josh descubre que no quiere ser «grande» y vuelve a convertirse en niño para reunirse con sus padres. Pero, mientras tanto, Josh se transforma en directivo de una empresa de juguetes a la que aporta un sinfín de ideas brillantes.

Penny Marshall y sus guionistas, Garry Ross y Anne Spielberg, dispusieron bien su trama al ambientarla en una empresa de juguetes. Pero el ámbito tecnológico sigue siendo un mundo repleto de Josh Baskins. Hace mucho que dejamos atrás la época en la que predominaba la debida separación entre el trabajo y el placer o, para ser más preciso, según la descripción de Adorno, en la que el trabajo y el placer propiamente dichos exigían que «ninguna aberración instintiva interfiera con la seriedad del comportamiento racional, ninguna señal de seriedad y responsabilidad proyecte su sombra sobre la diversión».[2] Y, haciéndose eco de Ferenczi, Adorno señalaba que «la libidinización de los artilugios es indirectamente narcisista en la medida en que se alimenta del control del ego sobre la naturaleza: los artilugios suministran al sujeto algunos recuerdos de los primeros sentimientos de omnipotencia».[3] Pero lejos de ser negaciones irracionales de la realidad, es actualmente improbable que el empresario alcance el éxito sin un sentido infantil —es decir, irracional— de lo posible. Y, en nuestra cultura, la voluntad impositiva, «disruptora» —por usar el léxico de las escuelas de negocios de modo tan implacable como la rabieta de un niño—, no conlleva un azote, sino la recompensa material. Al mismo tiempo, la pérdida de la distinción entre lo personal y lo político, que comenzó con el feminismo de los años setenta, pero que hace tiempo fue mercantilizada del todo, ha provocado el desplome de la confianza en que la realidad siempre debe prevalecer sobre la fantasía.

Por eso, el idealismo subjetivo —la convicción de que en verdad solo importan las mentes y los contenidos mentales— ha devenido la postura filosófica por defecto de nuestra época. Sí, un ser humano experimenta cosas materiales, pero no son sino percepciones; en suma, si así se piensa, así es, o al menos se puede lograr que así sea. El empecinamiento del movimiento trans —al decir de una bloguera trans de inolvidable nombre, Lithium Labia (y actualmente Fae The Evil Bisexual), «¡como si no hubiese mujeres con polla y hombres con vagina!»—[4] carece de sentido hasta que se inserta en el contexto del idealismo subjetivo; entonces lo cobra por completo. Al igual que la función del emprendedor es la disrupción —la «destrucción creativa» de todas las certezas empresariales—, el movimiento trans está inmerso en el trastocamiento creativo de las certezas del sexo y el género.

Esta cultura podrá parecer balcanizada e incoherente, y en algún aspecto es verdad. Pero en otros descuella por su unidad y es, en realidad, muy coherente.

Un trabajador social canadiense de nombre Kaeden Seburn ha escrito y publicado en su cibersitio[1] un documento titulado «Introducción a la identidad y expresión de género: un seminario digital para padres y cuidadores». Seburn se define como «un colonizador blanco, no binario, transmasculino y organizador comunitario, activista y educador trans del territorio algonquino no cedido». En las universidades de Ontario a las que asistió (graduado en Trabajo Social en Carleton y máster en York), retratos parecidos son la actual moneda corriente. Así como la explícita insistencia en que los niños, y no solo los adolescentes, deben ser los únicos árbitros. «Si un niño o un joven te dice que es trans o no binario —declara Seburn sin rodeos—, entonces lo es. Los niños de cualquier edad pueden conocer o determinar su identidad de género».[2]

Para Seburn, ello supone que no solo han de poder identificarse como mejor les parezca, sino que nadie debería tener derecho a poner eso en entredicho. «Los niños y jóvenes trans son expertos en su propia vida»,[3] reitera Seburn, y solo ellos adoptan las decisiones sobre cómo expresar esa identidad. Lo cual conlleva el acceso «cuando lo requieran, a servicios relacionados con la transición, como hormonas y cirugía». Y Seburn destaca que en Ontario no hay edad mínima de consentimiento respecto de las decisiones relativas a la atención sanitaria y, por lo tanto, los «jóvenes —por el contexto, es evidente que incluye a los niños— pueden tomar decisiones sobre sus propios cuidados y su propio cuerpo»,[4] sin mediar una evaluación médica minuciosa. Estas frases van acompañadas de una caricatura al estilo manga de un joven que dice: «La expresión de género de un niño trans no debe ser decisión de los médicos».[5]

Los argumentos morales y culturales que Seburn plantea son bastante habituales en la actualidad. Lo más profundo en clave histórica es que la redefinición contemporánea de sexo y género es asimismo una redefinición de la infancia. Y aquí son necesarias todas las precauciones. Como demostró el gran historiador francés Philippe Ariès en *El niño y la vida familiar en el Antiguo Régimen*,[6] hoy en día la infancia se entiende convencionalmente como una fase singular y distinta de la vida, en la que cuidados y atenciones especiales son debidos a los hijos en el seno familiar. Antaño, sostenía Ariès, a la edad de siete años se trataba a los niños casi siempre como adultos en miniatura.[7]

Uno de los legados duraderos de la transformación del concepto de sexo y género —en el supuesto de que perdure (como me parece que ocurrirá)— será, al menos en parte, la vuelta a un estado anterior no muy distinto a lo que Ariès llamó «la invención de la infancia». Ello no supone sostener que lo sucedido haya surgido de la nada. La irrupción, como muy tarde en la década de 1980, de lo que los franceses llaman *l'enfant roi* —fenómeno por el que los padres, en lugar de controlar a sus hijos, permiten cada vez más que sus hijos los controlen a ellos— ya reveló una profunda transformación en la comprensión de la naturaleza infantil (y, por supuesto, también de la edad adulta). En este sentido, la discontinuidad no es tan amplia entre aceptar la idea de que los niños deben ser capaces de decidir casi todo por sí mismos y la de que los niños deben ser capaces de definirse a sí mismos como ellos, y solo ellos, consideren oportuno, incluso, cuando sea preciso, por medio de las hormonas y la cirugía.

Visto aisladamente, sostener que a los niños los ampara el derecho a medicarse para prevenir la pubertad o a someterse a la denominada con un eufemismo «cirugía de reasignación de género» puede parecer un terremoto social. Pero, al igual que el creciente consenso científico establece que los grandes seísmos solo ocurren tras una serie de otros menos intensos, la redefinición actual de la infancia —que habría parecido más razonable para los europeos anteriores al siglo XVII que la idea sobre la naturaleza de la infancia imperante en, digamos, 1950— vino precedida sin duda alguna por perturbaciones menos poderosas. Y, en todo caso, si los adultos ya no asumen las cargas de responsabilidad que conlleva ser adulto, ¿por qué deberían los niños aceptar las tradicionales limitaciones que conlleva ser niño?

Por mucho que se hable de interseccionalidad, la perspectiva identitaria del mundo es en realidad una visión en la que cada miembro de cada colectivo habla solo en nombre de su propio grupo demográfico. Y puesto que no se puede esperar que alguien ajeno al grupo identitario en cuestión entienda la experiencia de ese colectivo, ello se convierte en el equivalente moral e intelectual de la ley de patentes, en el sentido de que, por traer como ejemplo lo que ya es un artículo de fe en la cultura woke dominante —sobre todo en literatura—, una persona blanca que escriba sobre personas negras comete una suerte de infracción moral de derechos de autor. Esto halla su eco en la apropiación woke del psicoanálisis, según la cual se da por supuesto que las dificultades psíquicas padecidas se derivan sobre todo del modo o modos en que la persona ha sido oprimida (o, en su defecto, del lastre psíquico de sus privilegios). No hay individuos, solo miembros de colectividades oprimidas u opresoras.

En un marco así, la autocomprensión es sobre todo histórica y sociológica. Hace un siglo, cuando asumió la rectoría la Universidad Nacional Autónoma de México, José Vasconcelos escribió: «Por mi raza hablará mi espíritu», una frase que al cabo se convirtió en el lema de la institución. Los identitarios raciales, de género, sexuales y étnicos no saben casi nada de Vasconcelos, pero son sus actuales herederos. Y el arte que producen (aunque llamarlo *agitprop* no es solo una mejor caracterización, sino la única precisa) refleja esta idea de que la expresión individual, como la psique individual, es un artefacto de la opresión que ha de ser entendido como tal y demolido por ello. Como resultado, tenemos un arte que no solo es enteramente didáctico, sin espacio para la trascendencia (como casi siempre ha sido incluso el arte religioso más didáctico), sino desprovisto de ambivalencia. En otras palabras, kitsch.

La ruptura con el pasado por parte del movimiento trans no podría ser más radical en su empeño de que, con algunas excepciones —cuya suma los activistas trans son además dados a exagerar muchísimo—, si bien el sexo biológico de una persona puede ser establecido con autoridad por un tercero, el propio género es el que siente dicha persona. Pero el radicalismo trans eclipsa lo que debería resultar evidente: en un sentido importante la ideología trans rompe con el pasado menos de lo que se suele suponer, sobre todo en el modo en el que recapitula el movimiento del bienestar, aunque de manera politizada y antinómica en su desafío. Pues la doctrina clave del bienestar es lo que sus seguidores denominan «cuidado de uno mismo», que la historiadora Natalia Petrzela, profesora de historia moderna de Estados Unidos en la New School of Social Research de Nueva York y proselitista del enfoque del bienestar y sus beneficios, ha descrito como «la idea de que nuestra propia mente, cuerpo y naturaleza (en lugar de los tratamientos especializados y químicos) son la clave para optimizar la salud y la felicidad».[1] Es decir, la premisa fundamental del bienestar es que ni el médico ni, de hecho, la sociedad en general, sino *tú*, el individuo, y solo tú, eres quien sabe cómo te sientes y qué es lo más conveniente para ti. O, dicho de otro modo, el bienestar subjetivo es el bienestar.

A diferencia del movimiento trans, el del bienestar está ya asentado a la perfección (aunque no es descartable que el trans llegue también a estarlo). Hoy por hoy, el bienestar es una industria de miles de millones de dólares. También es una de las más exitosas y triunfales exportaciones de Estados Unidos, y demuestra (como también ocurre con la internacionalización de lo woke) que la hegemonía cultural estadounidense, incluso en esta época de excepcionalismo negativo, sigue intacta, al menos en toda la anglosfera. Y, sin embargo, en el periodo de su creación en los años setenta, el bienestar era también en buena medida un movimiento marginal.

Lo trans proviene también de otra fuente: la idea estadounidense de que es posible reinventarse más o menos a voluntad. En 1941, F. Scott Fitzgerald escribió en su novela inacabada, *El último magnate*, que «no hay segundos actos en la vida de los estadounidenses». Se trata de un supuesto que encarna el movimiento trans actual. La síntesis que hace lo trans del bienestar, y la convicción estadounidense de que como individuo puedes ser lo que tú decidas ser, es una de sus características menos señaladas pero más originales. Y el puente entre ambas ideas, lo que las hace hoy tan fácilmente miscibles, es lo que mi padre llamaba el «triunfo de lo terapéutico».

En esencia, la cultura terapéutica consiste en descubrir lo que de verdad sientes y, por extensión, quién eres realmente. No cabe duda de que, en la práctica, lo trans también implica la mercantilización de la identidad. Pero me parece que los críticos del movimiento han hecho demasiado hincapié en este aspecto y mucho menos en que se trata de encontrarse verdaderamente a uno mismo al margen de lo que piensen los demás. Lo terapéutico proviene de la generalización, en su iteración contemporánea, de la idea de trauma. Y, una vez que se acepta el supuesto de que no adherirte a tus sentimientos subjetivos te causará daños físicos y mentales, todo lo que no sea la plena aceptación, por parte de la sociedad, de la idea de que tu noción subjetiva sobre ti mismo debería ser el principio y el fin del debate público deviene en una crisis de salud pública y, como está ocurriendo con la ley, también en una cuestión de derechos civiles.

Sin embargo, el convidado de piedra es ese viejo suplente marxiano: la alienación. Porque el supuesto identitario, ejemplificado en su manera más radical e imperiosa por lo trans, es que la alienación es su raíz, originada en buena medida por la incapacidad de la sociedad de aceptar todas las identidades que la gente reclama para sí y, como consecuencia moral y política necesaria de ello, de «representarla» y, en efecto, de celebrarla. La indigencia del análisis identitario de clase se deriva de este malentendido o, si se quiere ser generoso, de esta interpretación monocromática y autorreferencial de la alienación. El derecho a la autorrealización es un error de categoría. No puede existir tal derecho, aunque solo sea porque no hay ninguna sociedad en la tierra capaz de concederlo ni posibilidad alguna de ello en esta era de desastres, de calamidad climática, de resurgimiento de la guerra y de los comienzos (sí, solo los comienzos) de una ola de migraciones que, yo apostaría, más pronto que tarde transformará todos y cada uno de los países del mundo y sus culturas nacionales y regionales, por muy particulares, vibrantes y firmemente establecidas que se encuentren. Por el contrario, la alienación solo puede incrementarse en dichas condiciones, y ni siquiera podrá paliarlo el dudoso apósito identitario.

Derechos de boutique para identidades de boutique. Una de las presunciones cardinales de la izquierda progresista —y de buena parte del liberalismo contemporáneo, cuyo faro moral todavía es el movimiento de los derechos humanos— es que, donde hay una necesidad, hay un derecho. Hay mucho que debatir sobre tal planteamiento, ante todo su tajante repulsa a toda sugerencia de que establecer un régimen legal de derechos en el mundo pobre, que contemple aquellos derechos que los estados simplemente no tienen medios de suministrar, al menos no plenamente —ingresos garantizados, por ejemplo, o incluso, en los países más pobres, vivienda digna y alimentación adecuada— sea uno de los modos en que los ideales del norte global pasan por alto con complacencia las realidades del sur global (además de que se entregan al mayor solecismo intelectual y moral del movimiento de derechos humanos, que consiste en repetir que la antipolítica del derecho internacional ofrece una vía de escape a los rigores e incertidumbres de la política real). No obstante, siempre que la reivindicación general de que «donde hay una necesidad, hay un derecho» se refiriera a las necesidades materiales, como el derecho a la alimentación o a la vivienda, es decir, a necesidades medibles y cuantificables, gozaba de cierta coherencia.

Sin embargo, la subjetividad radical que está en la base de la política identitaria ha hecho añicos ya todo eso. Porque, si bien es

212

posible ponerse de acuerdo, por ejemplo, sobre cuánta comida necesita una persona para prosperar, es imposible que nadie —salvo la persona o el grupo que manifiesta la necesidad— diga cuánto reconocimiento, convalidación o sensación de seguridad psíquica necesita o, como dirían ellos, a cuánto tiene derecho. Aunque debería ser evidente que resulta imposible correlacionar la expansión contemporánea de las necesidades con una expansión semejante del número de derechos. Pero, ya que eso es justo lo que exigen muchos progresistas, debería ser igual de evidente que no lo es.

En un mundo en el que todo deseo ha de ser tratado como un derecho —como ocurre cada vez más en el mundo rico—, se perderá pronto el significado original de los derechos, si es que no ha ocurrido ya, y, más pronto que tarde, todo significado más allá de la exigencia legalmente aplicable de credulidad absoluta en nombre de la equidad y la emancipación. El viejo chiste del hombre que busca escabullirse tras verse sorprendido in fraganti por su esposa y le dice: «¿A quién vas a creer, a mí o a tus ojos mendaces?» se ha invertido: actualmente se espera el rechazo de todo lo visto si no se ajusta a lo que se dice que estamos mirando.

La mentecata tiranía del corazón avanza a buen ritmo. Olvídense los estragos de los postestructuralistas, los voluntariosos tergiversadores de Foucault, el disparate performativo —un nihilismo confundido con un moralismo elevado— que se halla en el corazón de la obra de Judith Butler y que impera en las humanidades universitarias actuales. No es que a los estadounidenses, en todo caso, les importara mucho la vida de la mente. Por ello ha sido tan exigua la oposición al filisteísmo extático de la política identitaria que ya lo ha barrido todo en Estados Unidos, cuya hegemonía cultural, a pesar del parloteo sobre un mundo posterior al estadounidense, sigue siendo absoluta en Europa y América Latina, no solo en los países posprotestantes de la anglosfera, Escandinavia y los Países Bajos, sino también en los poscatólicos de dichas regiones. Pues, a la postre, lo woke consiste sobre todo en la noción conformista del viejo axioma provinciano de la América blanca protestante —«Si no tienes algo amable que decir, no digas nada»—, que se ha vuelto a desplegar al servicio de una pretendida emancipación y reparación. Y en el sustrato de todo ello yace la rancia incapacidad estadounidense de distinguir entre deseo y realidad, y la rabia que desata la frustración de cualquier deseo, trátese de una chabacanería o un disparate. Yo soy lo que yo diga. Toda negativa a reconocerlo me está negando a mí: ese es el mantra. Y en estos grandiosos tiempos nuestros, ¡ay de quien se oponga a ello! ¿Correlato objetivo? ¿Qué correlato objetivo?

Antes era un lugar común de la psiquiatría que tanto la personalidad infantil como la histérica se caracterizaban por el exhibicionismo, la dramatización, las formas difusas de erotismo y el deseo de controlar a los demás esgrimiendo el sufrimiento individual como arma. El «triunfo de lo traumático» es el ascenso hasta la preeminencia en la cultura burguesa contemporánea (en el norte global, pero también en buena parte del sur global) de estos tipos tóxicos de personalidad. Sobra decir que estas personas no se consideran histéricas —y mucho menos berrinchudas—, sino gente entregada a la lucha por la justicia en un mundo injusto y que también lo está en pos de la consecución de un mundo mejor. Y su medio para conseguirlo ha sido lo que a menudo se denomina woke, pero que se entiende mejor como un llamado a filas de un vasto ejército de agraviados que creen que la nuestra es la época del ajuste de cuentas.

Que lo anterior es en buena medida una versión poscristiana del milenarismo debería resultar evidente: los últimos serán los primeros y los primeros serán los últimos, etcétera. Aunque, si bien el ajuste de cuentas encierra demandas de justicia económica, casi todas las energías de la izquierda identitaria se movilizan al servicio de la justicia psíquica. Por ello, los supuestos agravios verbales se presentan a menudo como igual de nocivos que la violencia física. Y permite explicar por qué estos mismos alumnos que cerrarían una universidad por el comentario de un profesor que consideran racista o antitrans —y que, no quepa duda, lamentarían las dificultades económicas de los pobres en las capitales y ciudades universitarias en las que estudian— nunca, hasta donde se me alcanza, han participado en huelgas, paros y mucho menos en iniciativas similares para cerrar sus facultades por la cuestión de la pobreza (la Universidad de Yale es el ejemplo perfecto: una ciudad-Estado en miniatura, tan próspera como Catar, en torno a la cual la población mayoritariamente no blanca de una ciudad de tamaño medio vive en la pobreza).

Lo anterior no implica que no haya algo de cierto en la vieja máxima feminista según la cual lo personal es político. Pero, al menos en la anglosfera, y cada vez más en muchas otras partes del mundo, ya resulta claro que ha pasado a significar que lo psicológico es político, una afirmación mucho más sospechosa habida cuenta de que a pesar de la wokización de la terapia y, cada vez más, incluso del psicoanálisis —un libro reciente titulado *Decolonizing Therapy*[1] arguye que «toda terapia es, y siempre ha sido, intrínsecamente política»—, por mucho que se intente revestir la subjetividad inherente de la psique con la aseveración de que todo trauma individual es producto de un trauma colectivo producido por la opresión, sobre todo por el racismo, la psique no quedará satisfecha, aunque la facultad de Psicología de la universidad sí.

«Debemos redescubrir la distinción entre esperanza y expectativa», le gustaba decir a mi antiguo maestro, Ivan Illich, a principios de los años setenta. En 2023, la noción de que tal distinción sea posible parece inverosímil. La esperanza actual se entiende como inicio de una transacción, casi como si se hiciese un pedido en Amazon, con la misma y firme expectativa de que quedará satisfecha. O, dicho de otro modo, en una sociedad que ya no puede distinguir entre sus deseos y su destino, la posibilidad de que lo esperado no se materialice tarde o temprano parece absolutamente intolerable; como si se dijera: «¿De qué sirve esperar si esa esperanza será vana?».

Lo cual se debe en parte a que casi todos los ciudadanos de las sociedades prósperas comparten la creencia de que merecen sus privilegios, aunque se consideren críticos, fieles a la resistencia hacia sus propias sociedades. Pero un aspecto aún más relevante es la medicalización del concepto de esperanza, un proceso que a Illich, a pesar de su obsesión con la «némesis médica», le habría sorprendido. En un artículo publicado en 2021 en la bitácora de la facultad de Medicina de Harvard, Adam P. Stern, director de psiquiatría del Centro Berenson-Allen de Estimulación Cerebral no Invasiva del Centro Médico Beth Israel Deaconess, afirmaba que «la esperanza es un componente esencial de nuestro bienestar».[1] Un año antes, en la revista *Global Epidemiology* Katelyn N. G. Long y sus colegas habían escrito que, dadas las «numerosas relaciones positivas

217

documentadas entre la esperanza y los resultados posteriores en materia de salud y bienestar [...], los investigadores y profesionales de la salud pública [deberían] dedicar sus potenciales esfuerzos al incremento de los niveles de esperanza y, como posible extensión, de los niveles de salud y bienestar».[2]

Según este planteamiento, la falta de esperanza se convierte en un problema de salud pública, un problema que los profesionales han de combatir de alguna manera, al igual que intentarían hallar modos de combatir las enfermedades crónicas, las mentales o las dietas inadecuadas en una población determinada. Por ello, como en tantos otros casos en las sociedades ricas y posreligiosas, una profunda idea metafísica se transforma en una necesidad médica (la justicia social es otro ejemplo de semejante transformación), cuyo cumplimiento pueden facilitar los profesionales de la salud pública. Este enfoque conduce a la conversión de la desesperanza de una persona en una condición médica. Y llevado a su lógica conclusión —aunque pueda imaginarse fácilmente—, los que carecen de esperanza podrían ser redefinidos como posibles riesgos para la salud general de la comunidad. Y la distancia que media entre ello y el «estado de excepción» de Agamben es muy corta.

Yo no conocía la categoría de «daño moral», pero, al parecer, es un término común en el ámbito de la medicina actual en Estados Unidos. Un estudio publicado recientemente por médicos de la facultad de Medicina de la Universidad de Duke, en colaboración con el Departamento de Asuntos de los Veteranos, distingue el daño moral del mero desgaste profesional. «Aunque el término "desgaste profesional" se utiliza a menudo para describir los efectos de la tensión continua en el lugar de trabajo —declara el autor principal del estudio, Jason Nieuwsma, en un comunicado de prensa—, el término "daño moral" se utiliza para describir el causado a la conciencia o la identidad de las personas que presencian, causan o no impiden acciones opuestas a sus propias normas morales. Por ejemplo, en el caso de los trabajadores sanitarios, ello podría implicar que tomen decisiones o se vean envueltos en situaciones que los alejen de su genuino compromiso de curar».[1] ¿En qué universo paralelo las personas pueden imaginar que tendrán la libertad de no ser testigos de acciones que contravienen sus convicciones morales? Ya es muy difícil en la vida no traicionarlas. Se trata de una utopía pueril, y sus buenas intenciones no la excusan.

La definición médica original de trastorno por estrés postraumático (TEPT) la ofreció por primera vez la Asociación Estadounidense de Psiquiatría en 1980 en la tercera edición de su *Manual diagnóstico y estadístico de los trastornos mentales* —llamado DSM-III—, y consiste en un factor estresante catastrófico que sobrepasa el rango habitual de la experiencia humana. Los autores del primer diagnóstico de TEPT contemplaban sucesos como la guerra, la tortura, la violación, el holocausto nazi, los bombardeos atómicos de Hiroshima y Nagasaki, las catástrofes naturales (como los terremotos, huracanes y erupciones volcánicas) y las catástrofes causadas por el ser humano (como las explosiones en fábricas o accidentes aéreos y de automóvil). Así enmarcados, los sucesos traumáticos se distinguían meridianamente de aquellos que los psiquiatras y psicólogos de la época consideraban «estresores» —por emplear el término de su léxico— muy dolorosos que son parte integral de toda vida humana, como el divorcio, el fracaso, el rechazo, la enfermedad grave, el revés económico, etcétera. Pero en 2013, tras la publicación del DSM-V, el diagnóstico del TEPT ya no precisaba de exposición a lo que en su momento se denominaban, según la definición original, «acontecimientos catastróficos de gran magnitud»,[1] como la exposición al combate o una violación brutal, sino que también se consideraba ajustado a los llamados «acontecimientos de menor magnitud», como enterarse de que un familiar ha

220

muerto o presenciar una pelea. Es decir, ahora no solo se contemplaban hechos que integran las normales vicisitudes de la vida y que casi todo el mundo experimenta en algún momento entre el nacimiento y la muerte, sino que ni siquiera era necesario padecerlos directamente.

Esta «bajada del listón» de lo que constituye un trauma es la nueva normalidad de las burocracias de la educación, la sanidad pública, el psicoanálisis y la terapia. El reciente estudio de la Universidad de Alabama-Birmingham publicado en el *Journal of the American Medical Association (JAMA)*, ampliamente difundido (y apenas criticado), según el cual la incidencia de TEPT habría aumentado un 4,1 por ciento entre 2017 y 2022 y afectaba ya al 7,5 por ciento de los estudiantes universitarios estadounidenses, es divisa del actual consenso. Los autores del estudio proponían que «la pérdida de seres queridos durante la pandemia» y los «traumas raciales» habían contribuido a ese incremento.[2] Otro estudio llegaba más lejos, y sostenía que «en 2020-2021, más del 60 por ciento de los estudiantes cumplían criterios de uno o más trastornos de salud mental, un incremento de casi el 50 por ciento desde 2013»,[3] todo ello en un contexto en el que, según la Encuesta Nacional de Salud Universitaria de la Asociación Americana de Salud Universitaria de 2021, en el marco de la salud estrictamente física, el 87 por ciento de los universitarios la calificaban de «buena, muy buena o excelente».[4]

Si los datos anteriores son correctos, la enfermedad mental, más que la salud mental, se está volviendo la norma entre los jóvenes de Estados Unidos. Si bien lo que se ha producido, en realidad, es una reducción de las exigencias de lo que es y no es traumatizante. Dada la creciente hegemonía de una subjetividad radical en toda la cultura, según la cual, en el caso concreto de la salud mental —como en el de la identidad de género—, se afirma que lo que alguien siente y lo que alguien es son indistinguibles y que es una afrenta moral *no* tomar al pie de la letra la descripción propia de cualquier individuo, no habría podido ser de otro modo.

221

La radical amplitud de la definición del TEPT, a fin de incluir en ella prácticamente toda experiencia desdichada, es solo el caso más extremo de esta nueva anormalidad, la cual ostenta ya el *imprimatur* de la Asociación Estadounidense de Psicología (APA). Según esta, que a finales de 2023 publicó un informe titulado «El estrés en Estados Unidos™ [*sic*] 2023: Una nación enfrentada a los impactos psicológicos del trauma colectivo», «los estudiantes universitarios actuales también están haciendo malabares con una vertiginosa serie de desafíos, desde las tareas del curso, las relaciones y la adaptación a la vida en el campus hasta las dificultades económicas, la injusticia social, la violencia masiva y las diversas pérdidas relativas a la COVID-19».[5] La realidad, sin embargo, es que partes de esta «vertiginosa serie», como las «tareas del curso» y la «adaptación a la vida en el campus», siempre han sido lo habitual para el estudiante universitario, en tanto que las «relaciones» son meras partes constitutivas de ser humano. Y si bien es posible que los universitarios de hoy sean más conscientes de la injusticia social y las dificultades económicas, estas no son peores que antaño; en realidad, podría afirmarse que se ha mejorado. De hecho, el único elemento del menú de desafíos de la APA que en efecto puede considerarse traumático, según la definición original de TEPT, como tragedia o conmoción fuera del rango habitual de la experiencia humana, es la pandemia de COVID-19.

La explicación más verosímil de la crisis de salud mental entre los jóvenes es que se trata de una crisis de expectativas. Y si su reacción parece a menudo una variedad de la histeria colectiva no es algo de lo que se les pueda responsabilizar con justicia. Al contrario, son víctimas de la fusión de la cultura del «bienestar», que ha dominado el imaginario estadounidense durante muchos decenios y que, contrariamente a lo que suponen algunos críticos, nada debe a la política identitaria y a lo woke, con el lenguaje de los derechos que subyace tras las expectativas de serenidad y bienestar psíquico que ninguna otra generación a lo largo de la historia de la humanidad, ni en Estados Unidos ni en ningún otro lugar, ha imaginado que se le debía. El resultado ha sido, en efecto, un desastre psicológico colectivo, aunque no el que suponen los psicólogos. Lo que realmente ha sucedido es que a los jóvenes se les ha vendido gato por liebre: la promesa fraudulenta de que sus deseos *deberían ser* su destino.

El triunfo de lo traumático no podría existir sin el triunfo paralelo de lo histriónico. Fuera del teatro y la ópera, lo histriónico era en gran medida monopolio de políticos y predicadores, en particular del tipo populista y totalitario. En nuestra época, sin embargo, lo histriónico ha devenido un fenómeno de masas. Que es la savia de las redes sociales debería resultar obvio, ya que en el ciberespacio reina la hipérbole, ya sea política o de la cultura pop, es decir, centrada en Gaza o en Taylor Swift. Pero culpar a las redes sociales de dicho fenómeno no es más que matar al mensajero. El deseo contemporáneo de tantas personas en la sociedad occidental (y cada vez más también en las sociedades no occidentales) de transformarse virtualmente a voluntad solo puede ser creíble en el contexto de lo performativo. Esa es la razón por la que la obra de Judith Butler ha ejercido tanta influencia y por la que, a pesar de sus pegajosos sentimentalismos, es tan importante: ha popularizado la idea de que no existen identidades fijas, sino diversas *interpretaciones*; algunas represivas, otras emancipadoras. Es «el mundo entero es un escenario» de Shakespeare, pero sin el realismo del inglés sobre la decadencia inevitable y el olvido definitivo, y sin su frío realismo sobre las personas que no son más que actores a la espera del mutis. En las soleadas tierras altas de la visión de Butler, cada individuo no es un «mero» cualquiera, sino que siempre es la estrella del espectáculo, pero sin necesidad de productor ni director de

224

reparto. Al contrario, cada individuo es el «actor-promotor», como dijo mi padre en su libro *El triunfo de lo terapéutico*, «de sus identidades infinitamente cambiantes». En comparación, la frase de Andy Warhol de que todos seríamos famosos durante quince minutos parece el colmo de la prudencia y la sobriedad. No advirtió que la gente quería algo más que ser famosa, algo más que poder comunicarse directamente con sus dioses; en lugar de eso, quería poder definirse a sí misma a voluntad, lo cual, si se piensa, no es ni más ni menos que una forma de conferirse poderes divinos a uno mismo.

El paso es radical: de la «verdad» a «mi verdad», y de las vicisitudes del destino a la supremacía del deseo. El destino, sin embargo, tiene la última palabra; siempre la ha tenido y siempre la tendrá. De eso, aunque sea lo único, podemos estar seguros.

Notas

Dada la demolición ocurrida... [p. 20]

1. T. S. Eliot, «Tradition and the Individual Talent», en *Selected Essays*, Londres: Faber and Faber, 1932. [Hay trad. cast.: «La tradición y el talento individual», en *El bosque sagrado*, Madrid: Langre, 2004].

2. Daniel Bell, *The Cultural Contradictions of Capitalism*, Nueva York: Basic Books, 1976. [Hay trad. cast.: *Las contradicciones culturales de capitalismo*, Madrid: Alianza, 2004].

3. *Ibid.*

4. *Ibid.*

En 1997, el crítico social... [p. 30]

1. Véase Thomas Frank, «Why Johnny Can't Dissent» [¿Por qué Johnny no puede disentir?], en Stephen Duncombe, *Cultural Resistance Reader*, Londres: Verso, 2002.

2. David Rieff, «Multiculturalism's Silent Partner» [El socio comanditario del multiculturalismo], *Harper's Magazine*, agosto de 1993.

3. David Gelles, «How Environmentally Conscious Investing Became a Target of Conservatives» [Cómo la inversion responsable con el medio ambiente se ha convertido en objetivo de conservadores], *The New York Times*, 28 de febrero de 2023.

4. Breck Dumas, «Former Levi's Exec Says 'Woke Capitalism'

Has Taken Over Corporate Boardrooms» [Exejecutivo de Levi's dice que el capitalismo consciente se ha apoderado de las salas de juntas corporativas], *Fox Business*, 25 de octubre de 2022.

5. «Wesley Yang on The Successor Ideology» [Wesley Yang sobre la ideología sucesora], «The Dishcat with Andrew Sullivan», *The Weekly Dish*.

6. Es interesante el planteamiento de Yang, según el cual durante el mismo periodo se estaba produciendo una «larga marcha» paralela en la derecha patrocinada por la Sociedad Federalista que abriría camino a un nuevo movimiento legal conservador.

7. «'The Successor Ideology and the Threat to Our Freedoms» [La ideología sucesora y la amenaza a nuestras libertades], Opinion: Free Expression, *WSJ Podcasts*, 13 de junio de 2022.

8. Thomas Frank, *ibid.*

9. Véase <https://x.com/tribunaltweets/status/1569286459386 957825>.

10. Véase <https://x.com/laynemorgan/status/8300786353064 14082>.

11. Amia Srinivasan, «Does Anyone Have The Right to Sex?» [¿Alguien tiene derecho al sexo?], *London Review of Books*, 40/6, 22 de marzo de 2018.

12. Thomas Frank, *ibid.*

13. Michael Hammer y James Champy, *Reengineering the Corporation: A Manifesto for Business* Revolution [Reingeniería de la empresa: un manifiesto para la revolución empresarial], Nueva York: HarperCollins, 1993.

14. La entrada ha sido eliminada desde entonces.

15. Thomas Frank, *ibid.*

16. Sheila McClear, «Disney Prez of Entertainment Wants 50 Percent of All Characters Gay or 'Underrepresented'» [El presidente de la corporación Disney quiere que el 50 por ciento de los personajes sean gai o «infrarrepresentados»], *Los Angeles Magazine*, 30 de marzo de 2022.

17. Thomas Frank, *ibid.*

Un viejo chiste de los servicios... [p. 43]

1. Fikile Nxumalo y Wanja Gitari, «Introduction to the Special Theme on Responding to Anti-Blackness in Science, Mathematics, Technology and STEM» [Education Introducción al tema especial sobre la respuesta a la antinegritud en la ciencia, las matemáticas, la tecnología y la educación STEM], *Canadian Journal of Science, Mathematics and Technology Education = Revue canadienne de l'enseignement des sciences, des mathematiques et de la technologie*, 21 de febrero de 2021.

2. Véase el discurso de Fidel Castro a los intelectuales del 30 de junio de 1961, <http://www.cuba.cu/gobierno/discursos/1961/esp/f300661e.html>.

En un podcast titulado «All-In»... [p. 45]

1. Ananda Macias, «Billionaire investor Chamath Palihapitiya says 'nobody cares' about Uyghur genocide in China» [El inversor multimillonario Chamath Palihapitiya dice que «a nadie le importa» el genocidio uigur en China], *CNBC*, 19 de enero de 2022.

2. Véase <https://x.com/WarriorsPR/status/1483179382134898690?s=20>.

3. Véase <https://x.com/chamath/status/1483228175391866881/photo/1>.

4. Ananda Macias, *ibid.*

V-Dem es un laboratorio de ideas sueco... [p. 48]

1. Véase <https://freedomhouse.org/about-us>.

2. Véase <https://www.v-dem.net/our-work/research-programs/case-for-democracy/>.

3. Véase el «Democracy Report 2023: Defiance in the Face of Autocratization» [Informe sobre la democracia 2023: Desafío ante la autocratización], <https://www.v-dem.net/documents/29/V-dem_democracyreport2023_lowres.pdf>.

4. Samuel Moyn, «Hype for the Best» [Dar bombo a lo mejor], *The New Republic*, 19 de marzo de 2018.

5. «"La democracia no es Coca-Cola": Pekín dice que EE. UU. no debería suponer que el gobierno representativo "sabe" igual en todo el mundo», *Cuba Sí*, 24 de abril de 2021.

6. Véase *Rest of World* <https://restofworld.org>.

7. Jillian Godsil, «Andy Tian Interview, CEO Of The Fastest Selling ICO In Asia, $30 Million Raised In 1 Minute!» [Entrevista con Andy Tian, director general de la ICO más vendida de Asia, ¡30 millones de dólares recaudados en 1 minuto!], *CryptoCoin.News*, 22 de diciembre de 2017.

8. Peter Guest, «Why China is pioneering the next generation of social media» [Por qué China es pionera en la próxima generación de redes sociales], *Rest of World*, 21 de abril de 2021.

El novelista y crítico Ryan Ruby... [p. 53]

1. Véase <https://x.com/_ryanruby>.
2. *Ibid.*

El concepto woke de la cultura... [p. 57]

1. Véase «Apply to The New York Times Diverse Crossword Constructor Fellowship» [Solicite la beca del *New York Times* para constructores de crucigramas en la diversidad], <https://www.nyti mes.com/2022/10/24/crosswords/apply-to-the-new-york-times-diverse-crossword-constructor-fellowship.html>.

A estas alturas debería ser una obviedad... [p. 59]

1. Vasconcelos utiliza la palabra «raza», en su acepción de grupo como de linaje. Véase <https://www.neocrotalic.com/post/revolu tionizing-mexican-art-jose-vasconcelos-national-identity>.

A estas alturas, es ya un tópico señalar ... [p. 61]

1. Stan Grant, «To Understand China You Need to Understand Whiteness, Yet it's Missing From The Conversation» [Para entender China hay que entender la blancura, pero no se habla de ella], *ABC News*, 15 de octubre de 2022.

Las célebres citas del gran pensador ... [p. 67]

1. Antonio Gramsci, *Prison Notebooks*, Nueva York: Columbia University Press, 2011. [Hay trad. cast.: *Cuadernos de la cárcel*, México: Era, 1981].
2. Giuseppe Tomasi Di Lampedusa, *The Leopard*, Nueva York: Pantheon, 1991. [Hay trad. cast.: *El Gatopardo*, Barcelona: Anagrama, 2019].
3. Amber Murrey y Patricia Daley, *Learning Disobedience: Decolonizing Development Studies* [Aprender a desobedecer: estudios sobre la descolonización del desarrollo], Londres: Pluto Press, 2023.

Para el capitalismo... [p. 72]

1. Asociación Médica Estadounidense y Asociación de Facultades de Medicina Estadounidenses, *Advancing Health Equity: Guide on Language, Narrative and Concepts*, (2021), <ama-assn.org/equity-guide>.
2. «Epic Fail For National Nurses Week» [Fracaso rotundo de la semana nacional de las enfremeras], Empowered-Nurses.org, 13 de mayo de 2021.
3. Adolph Reed, Jr., «The Uses of Affirmative Action» [Los usos de la discriminación positiva], *The Nation*, 9 de agosto de 2023.

«No hay documento de cultura... [p. 77]

1. Arthur Miller, «The Year It Came Apart» [El año en que se deshizo], *New York Magazine*, 30 de diciembre de 1974-6 de enero de 1975.
2. V. I. Lenin, *Obras completas*, Moscú: Progreso, 1964, Vol. XXXI.

Descartar el movimiento woke... [p. 81]

1. Giverny Masso, «Arts Council: Relevance not Excellence Will Be New Litmus Test for Funding» [Consejo de las Artes: la relevenacia y no la excelencia será la prueba del tornasol para la financiación], *The Stage*, 8 de abril de 2019.

2. John Berry, «The Arts Council Is Harming The Cultural Organisations It Should Help» [El Consejo de las Artes está perjudicando a las organizaciones culturales a las que debería ayudar], *Prospect*, 15 de noviembre de 2022.

Uno de los aspectos más sorprendentes... [p. 85]

1. Robin DiAngelo, *Nice Racism: How Progressive White People Perpetuate Racial Harm* [Racismo amable: Cómo los progresistas blancos perpetúan el daño racial], Boston: Beacon Press, 2021.

2. *Ibid.*

La editorial de la Universidad de Duke... [p. 92]

1. Leigh Claire La Berge, *Marx for Cats*, Durham: Duke University Press, 2023. [Hay trad. cast.: *Marx para gatos. Un bestiario radical*, Madrid: Akal, 2025].

2. Todos los pasajes escritos por Leigh Claire La Berge, «Marx for Cats», *Dilettante Army* <https://dilettantearmy.com/ articles/marx-for-cats>.

3. *Ibid.*

Los dos elementos más potentes... [p. 94]

1. Deborah Cohan, «Racist Like Me – Call to Self-Reflection and Action for White Physicians» [Una racista como yo: un llamado a los médicos blancos a reflexionar y actuar], *New England Journal of Medicine*, 29 de febrero de 2019.

Blake Bailey, autor de una estupenda... [p. 99]

1. Ramon Antonio Vargas, «Blake Bailey, Biographer Accused of Harassment and Rape, to Publish Memoir [Blake Bailey, biógrafo acusado de acoso y violación, publicará sus memorias]», *The Guardian*, 27 de julio de 2022.

2. Ramon Antonio Vargas, «Author Blake Bailey Accused of Abusing ex-Lusher Students' Trust For Sex; Denies Illegal Conduct [El escritor Blake Bailey, acusado de abusar de la confianza de exalumnos de Lusher con fines sexuales, niega que su conducta fuera ilegal]», *Nola*, 21 de abril de 2021.

3. Laura Miller, «He Didn't Care if he Destroyed Himself as Long as he Hurt You: The Sad, Disturbing Case of Ed Champion» [No le importaba destruirse a sí mismo siempre que te hiciera daño: el triste y perturbador caso de Ed Champion], *Salon*, 30 de septiembre de 2014.

4. Véase <http://www.edrants.com/about/>.

5. Sian Cain, «Publisher Halts Philip Roth Book Amid Sexual Abuse Claims Against Biographer» [El editor suspende la publicación del libro sobre Philip Roth por las denuncias de abuso sexual contra su biógrafo], *The Guardian*, 21 de abril de 2021.

6. Christie D'Zurilla, «Philip Roth Biographer Blake Bailey Dropped by Agent Over 'Grooming' Allegations» [El agente deja de representar al biógrafo de Philip Roth, Blake Bailey, por acusaciones de «engaño pederasta»], *Los Angeles Times*, 20 de abril de 2021.

7. Véase <https://fkks.com/news/a-moral-dilemma-morals clauses-in-endorsement-contracts>.

La revelación de que las obras... [p. 103]

1. Ed Cumming, Abigail Buchanan, Genevieve Holl-Allen, «The Rewriting of Roald Dahl» [La reescritura d Roal Dahl], *The Telegraph*, 24 de febrero de 2023.

2. Kat Eschner, «The Bowdlers Wanted to Clean Up Shakespeare, Not Become a Byword for Censorship» [Los Bowdler querían

asear a Shakespeare, no convertirse en sinónimo de censura], *Smithsonian Magazine*, 11 de julio de 2017.

3. Véase el Prefacio de la primera edición en Thomas Bowdler, *The Family Shakespeare In One Volume,* Londres: Longman, Brown, Green and Longmans, 1847.

4. *Ibid.*

5. Hayden Vernon, «Roald Dahl Books Rewritten to Remove Language Deemed Offensive» [Reescriben los libros de Roald Dahl para eliminar lenguaje considerado ofensivo], *The Guardian*, 18 febrero de 2023.

6. *Ibid.*

7. Sian Bayley, «Puffin Defends 'Minimal' Changes Made to Roald Dahl's Children's Books [Puffin defiende los cambios «mínimos» efectuados en los libros infantiles de Roald Dahl]», *The Bookseller*, 22 de febrero de 2023.

8. Seth Abramovitch, «Roald Dahl Publisher Bends to Controversy, Will Release 'Classic' Version of Controversial Kids' Books [La editorial de Roald Dahl cede a la presión y publicará la versión «clásica» de los controvertidos libros infantiles]», *The Hollywood Reporter*, 24 de febrero de 2023.

9. *Ibid.*

10. Sian Bayley, *ibid.*

11. Cumming, Buchanan, Holl-Allen, *ibid.*

12. *Ibid.*

13. Sian Bayley, *ibid.*

14. *Ibid.*

15. *Ibid.*

16. Roger Scruton, «Kitsch and the Modern Predicament» [Lo kitsch y el predicamento moderno], *City Journal*, invierno de 1999.

Robert Hughes escribió... [p. 112]

1. Robert Hughes, «Art, Morals, and Politics» [Arte, moral y política], *The New York Review*, 23 de abril de 1992.

A estas alturas debería resultar obvio... [p. 113]

1. Abram Tertz (seudónimo de Andréi Siniavski), *The Trial Begins and On Socialist Realism* [Comienza el juicio y Sobre el realismo socialista], Nueva York: Vintage Books, 1960.

«The Guardian» informa que el Consejo... [p. 116]

1. Eva Corlett, «New Zealand Pulls Funding For School Shakespeare Festival, Citing 'Canon of Imperialism'» [Nueva Zelanda retira la financiación del festival escolar de Shakespeare por el «canon del imperialismo»], *The Guardian*, 14 de octubre de 2022.
2. *Ibid.*
3. Baz Macdonald, «Thou Art 'Boring as Shit'» [Vuesa merced es una aburrida de mierda], *Re:News*, 12 de octubre de 2022.
4. Véase <https://www.neocrotalic.com/post/revolutionizing-mexican-art-jose-vasconcelos-national-identity>.

Se acucia cada vez más a los escritores... [p. 119]

1. Monisha Rajesh, «Pointing Out Racism in Books is Not an 'Attack' – It's a Call For Industry Reform» [Señalar el racismo en los libros no es un «ataque», es un llamamiento a la reforma del sector], *The Guardian*, 13 de agosto de 2021.
2. Tara Tobler, «Lessons from Clanchy» [Lecciones de Clanchy], *The Bookseller*, 1 de octubre de 2021.
3. *Ibid.*

Se informa de que la Universidad... [p. 122]

1. Chris Hastings, «Wokery Beyond Parody Because University Slaps a TRIGGER Warning on George Orwell's 1984 as it Contains 'Explicit Material' Which Some Students May Find 'Offensive and Upsetting'» [El wokismo va más allá de la parodia porque la universidad

pone una advertencia de CONTENIDO en *1984* de George Orwell porque contiene «material explícito» que algunos alumnos pueden considerar «ofensivo y perturbador»], *Daily Mail*, 22 de enero de 2022.

La historia de las advertencias de contenido... [p. 124]

1. Véase <https://www.nimh.nih.gov/health/topics/posttrau matic-stress-disorder-ptsd>.

2. Brett Milano, «Should hateful speech be regulated on campus?» [¿Deberían normarse los discursos del odio en el campus?], *The Harvard Gazette*, 24 de febrero de 2020.

3. Véase <https://dictionary.apa.org/intergenerationaltrauma>.

4. Brendan Pierson, «California Law Aiming to Curb COVID Misinformation Blocked by Judge» [El juez suspende una ley de California que pretende limitar la desinformación sobre la Covid], Reuters, 26 de enero de 2023. Esta ley ha sido impugnada en los tribunales por motivos de libertad de expresión y actualmente está suspendida.

5. Véase <https://system.suny.edu/odei/>.

6. A veces incluso un solo alumno, como el de la Universidad de Hamline que se declaró víctima de islamofobia porque un profesor de historia del arte de la institución había mostrado a su clase una imagen de un manuscrito persa del siglo XIV que representaba al profeta Mahoma.

Sería un error tratar de analizar el auge... [p. 128]

1. Kai Johnson, Tanika Lynch, Elizabeth Monroe y Tracey Wang, «Our Identities Matter in Core Classrooms» [Nuestras identidades importan en las aulas troncales], *Columbia Spectator*, 30 de abril de 2015.

2. Eliana Dockterman, «Columbia Undergrads Say Greek Mythology Needs a 'Trigger Warning'» [Los estudiantes de pregrado en Columbia dicen que la mitología griega precisa de una advertencia de contenido], *Time*, 15 de mayo de 2015.

3. Brian Duignan, «Trigger Warnings on Campus» [Las adver-

tencias de contenido en el campus], *Britannica*, <https://www.britan nica.com/story/triggerwarnings- on-campus>.

4. Colleen Flaherty, «Trigger Unhappy» [Contenido inconti-nente], *Inside Higher Ed*, 13 de abril de 2014.

5. Maya Jaggi, «Storyteller of the Savannah» [El cuentacuentos de la sabana], *The Guardian*, 18 de noviembre de 2000.

6. Colleen Flaherty, *ibid.*

7. *Ibid.*

8. *Ibid.*

9. Jeannie Suk Gersen, «What If Trigger Warnings Don't Work» [Qué ocurre si las advertencies de contenido no sirven], *The New Yor-ker*, 28 de diciembre de 2021.

10. Katie McKay, «Trigger warnings have gone too far» [Las ad-vertencies de contenido se han extralimitado], *The Glasgow Guardian*, 27 de marzo de 2023.

11. Blake Mauro, «University Puts Trigger Warning on Heming-way's 'Old Man And The Sea': 'Graphic Fishing Scenes» [La univer-sidad pone una advertencia de contenido a *El viejo y el mar* de He-mingway: «Escenas explícitas de pesca»], *The College Fix*, 12 de julio de 2023.

12. Katie McKay, *ibid.*

13. Véase <https://www.bbfc.co.uk/about-classification/ clas-sification-guidelines>.

14. Craig Simpson, «James Joyce's Ulysses Issued With Trigger Warning After it is Deemed 'Offensive' to Modern Students» [El *Uli-ses* de James Joyce se distribuye con una advertencia de contenido tras ser considerado «ofensivo» para los estudiantes modernos], *The Tele-graph*, 2 de febrero de 2023.

15. Véase <https://x.com/keatsandchapman>.

«The Oracle», la gaceta estudiantil ... [p. 135]

1. Kenan Malik, «An Art Treasure Long Cherished by Muslims is Deemed Offensive. But to Whom?» [Un tesoro artístico muy apre-ciado por los musulmanes se considera ofensivo. Pero, ¿para quién?], *The Guardian*, 8 de enero de 2023.

2. Eugene Voloch, «Hamline Student Newspaper (*the Oracle*) Removed Published Defense of Lecturer Who Showed Painting of Muhammad» [El periódico estudiantil de la Universidad de Hamline (*The Oracle*) suprime la defensa publicada de un profesor que mostró una pintura de Mahoma], *Reason*, 26 de diciembre de 2022.

El libro de estilo de la Associated Press ... [p. 137]

1. Véase <https://www.localinstitutes.cii.co.uk/media/15671/inclusive-language-guidelines.pdf>.

2. Susan D'Agostino, «Amid Backlash, Stanford Pulls 'Harmful Language' List» [En medio de la oposición, Stanford retira la lista de «lenguaje ofensivo»], *Inside Higher Ed*, 10 de enero de 2023.

3. Véase <https://library.usfca.edu/harmful-language-statement>.

4. Véase <https://x.com/AP/status/1618886923828748288?lang=en>.

5. Nicolas Camut, «Don't Say 'The French' as it's Offensive, AP Says» [No diga «los franceses» porque ofende, sostiene AP], *Politico*, 27 de enero de 2023.

6. Véase <https://x.com/APStylebook/status/1619005157508845568?lang=en>.

A pesar de todas las burlas que concita... [p. 141]

1. Véase <https://www.thesaurus.com/e/writing/personfirst-vs-identity-first-language/>.

2. Sheila McClear, «Stanford Releases 'Harmful Language' List of Hurtful Words to Eliminate» [Stanford publica una lista de palabras ofensivas que se deben eliminar], *Los Angeles Magazine*, 29 de diciembre de 2022.

3. «PETA says these phrases are comparable to racism and homophobia» [PETA afirma que estas frases son comparables al racismo y la homofobia], *ABC Action News*, 5 de diciembre de 2018.

4. Amy B. Wang, «PETA Wants to Change 'Anti-animal' Sayings,

But the Internet Thinks They're Feeding a Fed Horse» [PETA quiere cambiar los refranes «antianimales», pero la internet cree que están alimentando a un caballo ya cebado], *The Washington Post*, 6 de diciembre de 2018.

5. Véase <https://www.merriam-webster.com/wordplay/what-is-the-new-meaning-of-bandwidth>.

El ámbito del arte parece estar fusionándose ... [p. 147]

1. Maximilíano Durón, «Cape Town–Based Curator Khanyisile Mbongwa to Organize 2023 Liverpool Biennial» [La comisaria de Ciudad del Cabo, Khanyisile Mbongwa, organizará la Bienal de Liverpool de 2023], ArtNews, 26 de enero de 2022.

Conviene recordar completa la definición ... [p. 149]

1. Milan Kundera, *The Unbearable Lightness of Being*, London: Faber and Faber, 1999. [Hay trad. cast.: *La insoportable levedad del ser*, Barcelona: Ediciones B, 2002].

Las celebraciones de Año Nuevo... [p. 150]

1. Véase <https://www.sydneynewyearseve.com/fireworks/>.
2. Charley Adams y Chris Giles, «New year: Tributes to Late Queen as Fireworks Welcome in 2023» [Año nuevo: Homenajes a la difunta reina con fuegos artificiales de bienvenida en 2023], BBC, 1 de enero de 2023. La compatibilidad del caso ucraniano con los derechos LGBT apenas puede exagerarse. En X, por ejemplo, es ya habitual encontrar cuentas que muestran solo dos banderas: la del arcoíris del Orgullo y la azul y amarilla de Ucrania. Lo cual no debería mover a la sorpresa, pues Putin ha descrito la guerra en varias ocasiones como un conflicto que busca en parte proteger los valores anti-woke de Rusia, lo cual se aúna al modo en que la histeria anti-woke habitualmente se despliega en la televisión del país.

3. Véase <https://x.com/PaulEmbery>.

4. *Ibid.*

Aunque resultó realmente profético... [p. 152]

1. Aldous Huxley, *Brave New World*, London: Vintage, 1932. [Hay trad. cast.: *Un mundo feliz*, Barcelona: Debolsillo, 2003].

Mis condolencias a Hal... [p. 156]

1. Gerrit De Vynck y Nitasha Tiku, «Google Takes Down Gemini AI Image Generator. Here's What You Need to Know» [Google elimina el generador de imágenes de IA Gemini. Esto es lo que debe saber], *The Washington Post*, 23 de febrero de 2024.

2. Nico Grant, «Google Chatbot's A.I. Images Put People of Color in Nazi-Era Uniforms» [Las imágenes de IA del chatbot de Google presentan a personas de color con uniformes de la época nazi], *The New York Times*, 22 de febrero de 2024.

3. *Ibid.*

4. Miles Klee, «Blue Checks Attack Google's 'Woke' AI Art While Admiring Hitler's Paintings» [Los blue checks critican las ilustraciones "woke" de la IA de Google mientras admiran las pinturas de Hitler], *Rolling Stone*, 23 de febrero de 2024.

5. Véase <https://twitter.com/NateSilver538/status/1761800 684272308302>.

6. Noor Al-Sibai, «Google Chatbot Refused to Say Whether Elon Musk Is Better Than Adolf Hitler» [El chatbot de Google se niega a afirmar si Elon Musk es mejor que Adolf Hitler], *Futurism*, 26 de febrero de 2024.

Uno de los elementos más asombrosos... [p. 162]

1. Cheryl I. Harris, «Whiteness as Property» [La blancura como propiedad], *Harvard Law Review*, 10 de junio de 1993, <https://harvardlawreview.org/print/no-volume/whiteness-as-property/>.

2. Un apunte: la dinastía Qing comenzó en 1644, es decir, veinticinco años después de la fundación basada en la esclavitud que propone el Proyecto 1619. Parece dudoso que la idea de propiedad de la dinastía fuera de algún modo un subconjunto de la trayectoria estadounidense. Pero es justamente lo que ocurre con los argumentos de gente como Harris: tergiversar la experiencia estadounidense hasta definirla como la propiedad privada en sí misma.

3. Sofia Leung, «Whiteness as Collections» [La blancura como colecciones], 30 de septiembre de 2019, <https://www.sofiayleung.com/thoughts/whitenessas-collections>.

El cibersitio «MedPage Today»... [p. 165]

1. Robert M. McLean y Douglas M. DeLong, «Op-Ed: An Open Letter to Our Fellow White Male Physicians» [Artículo de opinion: Carta abierta a nuestros colegas médicos blancos], *MedPage Today*, 23 de abril de 2021.

2. *Ibid.*

3. Véase <https://www.aamc.org/data-reports/workforce/data/figure-13-percentage-us-medical-school-graduates-race-ethnicity-alone-academic-year-2018-2019>.

4. Véase <https://en.wikipedia.org/wiki/Demographics_of_the_United_States>.

5. Véase <https://www.census.gov/data/tables/time-series/demo/popest/2010s-state-detail.html>.

6. Véase <https://www.schooldigger.com/go/CA/schools/3441005643/school.aspx?>.

La senadora Elizabeth Warren... [p. 172]

1. Un detalle: el binomio de blancos/personas de color no podría incluir, como ocurre en el proyecto de ley de la senadora Warren, a los asiáticoestadounidenses (en la medida en que ese término sospechoso signifique algo) si solo se aplicaran los criterios económicos del prejuicio racial.

2. Véase <https://www.congress.gov/bill/117th-congress/se nate-bill/162/text>.

La Asociación de Alumnos de la Universidad... [p. 174]

1. Louisa Clarence-Smith, «White students banned from Black History Month events at Westminster University» [Se prohíbe a los estudiantes blancos acudir a los actos del Mes de la Historia Negra en la Universidad de Westminster], *The Telegraph*, 7 de octubre de 2022.

2. Todas las referencias provienen de «Cambridge Professor Priyamvada Gopal Tweets 'White Lives Don't Matter» [El profesor de Cambridge Priyamvada Gopal tuitea «Las vidas de los blancos no importan»], seguidas de «Abolish Brahmins And Upper Castes» [Abolir a los brahmanes y las castas superiores], *Swarajya*, 25 de junio de 2020, <https://swarajyamag.com/insta/cambridge-professor-priyamva dagopal-tweets-white-lives-dont-matter-follows-itupcon abolir a los brahmanes y las castas superiores>.

La revista «Composition Studies»... [p. 176]

1. Véase <https://compstudiesjournal.com>.

2. Véase <https://compstudiesjournal.com/a-guide-for-antira cist-scholarly-reviewing-practices-at-compositionstudies>.

Un excelente artículo de Amna Khalid... [p. 178]

1. Amna Khalid y Jeffrey Aaron Snyder, «Yes, DEI Can Erode Academic Freedom. Let's Not Pretend Otherwise» [Sí, la DEI puede erosionar la libertad académica. No finjamos lo contrario], *The Chronicle of Higher Education*, 6 de febrero de 2023.

2. *Ibid.*

El Senado Académico de las Escuelas Profesionales... [p. 182]

1. Véase <https:/www.asccc.org>.
2. Véase <https://www.asccc.org/sites/default/files/CCC_DEI-in-Curriculum_Model_Principles_and_Practices_June_2022.pdf>.

El desacuerdo traumatiza... [p. 184]

1. Véase «Task Force Report on Equity and Anti-Racism in Research» [Informe del grupo de trabajo sobre equidad y antirracismo en la investigación], <https://research.ucsf.edu/task-force-report-equity-and-anti-racism-research>.
2. *Ibid.*
3. *Ibid.*
4. *Ibid.*

Una sociedad en caída libre moral... [p. 187]

1. Jerry A. Coyne y Luana S. Maroja, «The Ideological Subversion of Biology» [La subversión ideológica de la biología], *Skeptical Inquirer*, 47/4, julio/agosto de 2023.
2. Max Weber, «Science as a vocation», en H. H. Gerth y C. Wright Mills (trad. y ed.), *From Max Weber: Essays in Sociology*, Nueva York: Oxford University Press, 1946.
3. Véase «Attorney General Bonta Releases Inaugural State of Pride Report in Honor of LGBTQ+ Pride Month» [El fiscal general Bonta publica el primer informe del Estado del Orgullo en homenaje al Mes del Orgullo LGBTQ+], <https://oag.ca.gov/news/press-releases/attorney-general-bonta-releases-inaugural-state-pride-report-honor-lgbtq-pride>.
4. Véase <https://www.songfacts.com/lyrics/ray-stevens/everything-is-beautiful>.
5. Philip Rieff, *The Triumph of the Therapeutic: Uses of Faith After Freud* [El triunfo de lo terapéutico: Usos de la fe después de Freud], Wilmington: Intercollegiate Studies Institute, 2006).

Haber sufrido un trauma... [p. 190]

1. Cody Dailey, «Addressing Trauma in the College Essay» [Abordar el trauma en el artículo universitario], IACAC, 29 de octubre de 2020, <https://www.iacac.org/2020/10/addressing-trauma-in-the-college-essay/>.

El lenguaje terapéutico... [p. 192]

1. Amy Simonson, «Florida bill to shield people from feeling 'discomfort' over historic actions by their race, nationality or gender approved by Senate committee» [El comité del Senado aprueba la iniciativa de ley en Florida que prevendrá que la gente se sienta «incomoda» por las acciones históricas de su raza, nacionalidad o género], CNN, 19 de enero de 2022, <https://edition.cnn.com/2022/01/19/us/florida-education-critical-race-theory-bill/index.html>.

El triunfo de lo traumático... [p. 195]

1. Véase <https://www.lemkininstitute.com/statements-new page/statement-on-the-genocidal-nature-of-the-gender-critical-movement's-ideology-and-practice>.

2. Véase <https://drdevika.wordpress.com/2016/11/12/i-ari chards-practical-criticism/>.

La utopía y la revolución... [p. 197]

1. Véase «Children and gender identity: Supporting your child» [Niños e identidad de género: Cómo apoyar a su hijo], <https://www.mayoclinic.org/healthy-lifestyle/childrens-health/in-depth/childrenand-gender-identity/art-20266811>.

2. Amanda D'Ambrosio, «Here's How Ob/Gyns Can Create Gender-Affirming Environments» [Así es como los obstetras y ginecólogos pueden crear entornos que reafirmen el género], *MedPage Today*, 10 de febrero de 2022.

3. Véase «It's time for real transgender representation in NYC government» [Ya es hora de la efectiva representación transgenérica en el gobierno de Nueva York], *Daily News*, 20 de febrero de 2022.

4. Judith Thurman, *Cleopatra's Nose*, Nueva York: Mac-Millan, 2007. [Hay trad. cast.: *La nariz de Cleopatra*, Barcelona: Duomo, 2009].

En un mundo con escasa seguridad... [p. 201]

1. Shaul Bar-Haim, «Becoming a Peter Pan: Omnipotence, Dependency and the Ferenczian Child» [Tansformarse en un Peter Pan: omnipotencia, dependencia y el niño de Ferenczi], <https://pub med.ncbi.nlm.nih.gov/25720781/>.

2. Theodor Adorno, *Minima Moralia: Reflections from Damaged Life*, Londres: Verso Books, 2020. [Hay trad. cast.: *Minima Moralia: reflexiones desde la vida dañada*, Madrid: Akal, 2022].

3. Véase <https://www.themarginalian.org/2015/09/11/theo dor-adorno-work-pleasure-gadgeteering/>.

4. Véase <https://x.com/grassfay>.

Un trabajador social canadiense... [p. 204]

1. Véase <https://www.kaedenseburn.com>.

2. Una captura de pantalla del documento está publicada en el canal de Chanel Pfahl en X, <https://x.com/ChanLPfa>.

3. Véase <https://www.kaedenseburn.com>.

4. *Ibid.*

5. *Ibid.*

6. Anastasia Ulanowicz, «Philippe Ariès», <https://www.repre sentingchildhood.pitt.edu/pdf/aries.pdf>.

La ruptura con el pasado... [p. 209]

1. Natalia Mehlman Petrzela, «When Wellness Was Weird» [Cuando el bienestar era raro], *Well + Good*, 14 de julio de 2015.

2. Véase <https://www.statista.com/statistics/270720/market-size-of-the-wellness-industry-by-segment/>.

Antes era un lugar común... [p. 215]

1. Jennifer Mullan, *Decolonizing Therapy: Oppression, Historical Trauma, and Politicizing Your Practice* [Descolonizar la terapia: opresión, trauma histórico y politización de su práctica], Nueva York: W. W. Norton, 2023.

«Debemos redescubrir la distinción... [p. 217]

1. Adam P. Stern, «Hope: Why it matters» [La esperanza: por qué importa»], *Harvard Health Blog*, 16 de julio de 2021.

2. Katelyn N. G. Long, Eric S. Kim, Ying Chen, Matthew Wilson, Everett L. Worthington Jr., Tyler J. Vander-Weele, «The Role of Hope in Subsequent Health and Well-Being For Older Adults: An Outcome-Wide Longitudinal Approach» [El papel de la esperanza en la salud y el bienestar posterior de los adultos mayores: un análisis longitudinal de resultados], *Global Epidemiology*, 2 de noviembre de 2020.

Yo no conocía la categoría... [p. 219]

1. Sarah Avery, «Indications of Moral Injury Similar between Combat Veterans, COVID-19 Health Care Workers» [Indicios de daño moral semejante entre veteranos de combate y trabajadores sanitarios de COVID-19], Duke Health News & Media, 5 de abril de 2022.

La definición médica original... [p. 220]

1. *Diagnostic and Statistical Manual of Mental Disorders, Text Revision DSM-5-TR*, Washington, D. C.: American Psychiatric Association, 2022.

2. Adam Pope, «PTSD and ASD Diagnoses Rise Among College Students, New UAB Research Shows» [Un reciente estudio de la UAB demuestra el incremento de diagnósticos de TEPT y ASD entre el alumnado], UAB News, 24 de junio de 2024.

3. *Ibid.*

4. Véase <https://www.uhs.wisc.edu/prevention/ncha2021>.

5. Véase <https://www.apa.org/news/press/releases/2023/11/psychological-impacts-collective-trauma>.